太极拳理心得

王明柱　著

北京体育大学出版社

策划编辑：吴海燕
责任编辑：吴海燕
责任校对：原子茜
排版制作：联众恒创

图书在版编目（CIP）数据

太极拳理心得 / 王明柱著. --北京：北京体育大学出版社，2018.8
ISBN 978-7-5644-3037-5

Ⅰ.①太… Ⅱ.①王… Ⅲ.①太极拳—基本知识 Ⅳ.①G852.11

中国版本图书馆CIP数据核字(2018)第188403号

太极拳理心得 **王明柱 著**

出版发行：北京体育大学出版社
地　　址：北京市海淀区农大南路 1 号院 2 号楼 B-421
邮　　编：100084
网　　址：http：//cbs.bsu.edu.cn
发 行 部：010-62989320
邮 购 部：北京体育大学出版社读者服务部 010-62989432
印　　刷：北京昌联印刷有限公司
开　　本：710mm × 1000mm　　1/16
成品尺寸：240mm × 170mm
印　　张：12.5
字　　数：220 千字
版　　次：2019 年 7 月第 1 版
印　　次：2019 年 7 月第 1 次印刷
定　　价：38.00 元

杨露禅

杨健侯

杨澄甫

李雅轩

张义敬

王明柱与张义敬老师合影

松柔是太极拳的灵魂

明柱贤弟教拳纪念

二零一三年夏

義敬

张义敬题字

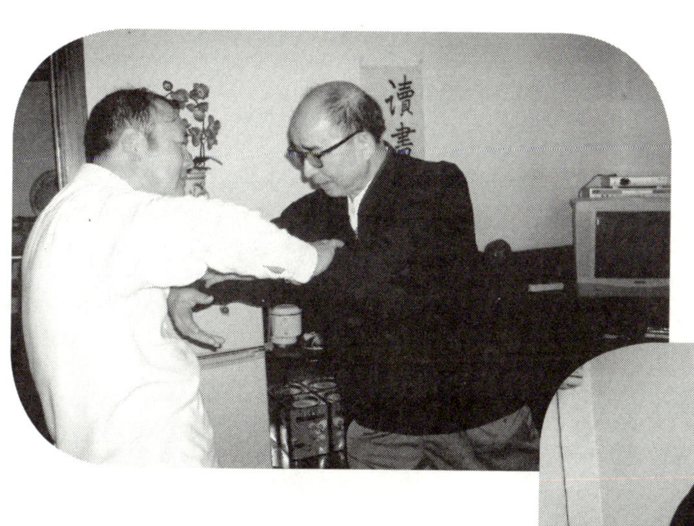

师徒对练

练功不辍

王明柱与海城市弟子合影

王明柱与深圳市弟子合影

前　言

太极拳历史悠久，由古传至今。当下，习练太极拳者人数众多，追寻太极拳之内功者也不在少数。笔者本着严谨的态度，结合自己习练太极拳近四十年的经验与心得体会，详细阐述传统太极拳的练习方法和理论，希望能为解决当下太极拳界普遍存在的问题提供一些帮助，也希望为太极拳的健康发展作出一点贡献。

本书内容是在老师多年传授的基础上，加之个人苦心钻研，整理而成。书中的内容共分五个部分。

一、拳法。拳法部分阐述了习练太极拳内功的理论及方法，并针对一般学拳者在理论方面容易出现的认识误区，进行了深入细致的分析，为迷茫的练功者指明了方向。

二、推手。推手部分由浅入深地阐述了练习推手的理论及方法。此内容未配图照，有感兴趣的学习者可扫描书中二维码参看视频。因为推手入门功夫的学习较为复杂，仅凭文字和图照无法描述清楚。但文字部分对推手功夫的化与发等方面的理论做了较为详细的论述，对于有一定基础的学习者不无裨益。

三、心法。心法是修炼太极拳内功不可缺少的。太极拳博大精深，其实，本书无一处不以心法作为纲领，以其贯穿始终。

四、养生。太极拳在防治疾病方面有独到之处。在这部分内容中，笔者着眼于当下人们的身心健康，结合自身经历谈了一些粗浅的看法。希望太极拳这一古老而又文明的体育健身运动，能为我们的健康带来不老的春天。

五、拳架。拳架部分详细介绍了杨式太极拳115式，附有300余张拳照，每式都结合拳照讲解动作说明和练习要领，供广大太极拳爱好者学习与参考。

本书为笔者口述，由学生刘凌芳、曹永新代笔，师弟罗维柱、学生王安慧帮助整理，韩宝纯、尹良智、钮铁、王斌4位学生协助拍摄拳照、传送资料等，在此一并表示感谢。

由于笔者水平有限，书中如有不足之处，恳请广大读者不吝批评指正。

目　录

拳　法

初学须知

初学太极拳应当慎重，不可草率。因为在传承过程中，每个继承者对太极拳理解和掌握的程度不一，风格特点也不尽相同。初学拳时，通过老师去了解太极拳是很有必要的。太极拳为内家拳法，道理极为深刻。所以我们在初学时找明师最为关键，不得明师必枉费工夫。拳经云："入门引路须口授，功夫无息法自修。"如果能够找到一个好的老师，由老师口传面授，要学好太极拳也不是难事。若择师不慎，所学太极拳不真不实，就算练上十年八载也难出好的成绩。有些老师在教学生时，将太极拳的道理说得过于复杂，以表个人之才，这是不恰当的。我们说太极拳理深奥，但要知道深奥并不等于复杂。在初学时，由老师由浅入深地说明道理，从姿势动作慢慢学起，逐步了解太极拳的运动理念。这样，要学好太极拳，并非像很多人想象的那么难。无论学习哪家拳都要从招式开始，"由招熟而渐悟懂劲，由懂劲而阶及神明"，这是老论上的话，这句话大致概括了练太极拳渐进的过程。

"招"指的是姿势动作，一招一式。"招熟"就是说初学拳时，先要把招式学好、练熟，这是太极拳学习的基础。功夫的成就，进步的快慢，关键就在这个基础上。学好每招每式，不可草率心急，要注重对身法要领的学习与理解，要每天不间断地练习，用心去体会要领。这离不开老师口传面授，要由老师细细地讲解，严格地把关才行。

在实际练拳的过程中，自身的感受随时都会出现不同的变化，学者不可心急。每学好一个动作都要反复地练习，再由老师帮助检查，这样每天不间断地练下去，功夫随着时间的变化自然就会有所进步。

在这个阶段值得注意的是，既要学好姿势动作，同时也要注意内在心神意气的运用与变化，两者兼修方为合理。太极拳不可以先学好招式再学内在思想。内劲的功夫虽说是看不见摸不着的，但在行拳时，自身要有感受，每一举一动，要以意气为先，不可忽视，此理最为重要。

不同的阶段，在身法上都会有不同的感受和变化，在这方面多去体会，功夫进步得就会快。在身法要领上，上要顶头，下要沉胯，同时要刻刻留意在腰，将脊梁竖起，肩肘松沉，行于手指，胸、腰、身桩中正，胯下坐稳下塌。两腿要松得完整，脚下要松软稳固，上下要相随。要做到上下相随，要领就在于由上至下，松沉不止，这样自会由下而上一气贯串。举手投足，内心要松静，方能完整协调。在转身时，内要顺遂，以腰为轴；在行拳时，姿势动作在不断变化，要做到内外协调。这些要领，在练拳时都要刻刻注意。

功夫随着时间日渐成熟。所谓“熟”，就是对于一趟拳，在姿势动作非常熟练的基础上，理论能够比较好地落实在动作上，在要领方面的体会日渐加深，在内劲功夫上也有了一定的体会。这也就是说在招熟上已有了基础。

有了招熟的基础，在形式方面已能由外转于内，已从有形到无形，由不自然到自然，已能去掉拘束、紧张等现象，在心、神、意、气方面也有了相当的认识。在招熟的基础上，不断地练习，逐渐就会懂劲。

太极拳的内劲功夫，主要是由神、意、气在内主宰着一切。这就要求学者要明白如何意气在内鼓荡，如何松软，如何稳静，如何周身完整，切不可拘于形式。太极拳是无形无象的功夫，要做到无形无象，要领就在于如何松开，不留半点行迹，看似平淡、松软、自如。能做到这些，方可练出无比充实的内劲。紧着气势，瞪着眼睛，剑拔弩张，是不行的。

太极拳的功夫是要不断地去掉形式，在身内要不断地松静，这样灵觉就自然会产生。有了这个灵觉，就自会察觉一切，在推手打斗方面如遇敌来犯，就会毫不犹豫，或走或化，或发或打，举手投足自然可以做到随心所欲。功夫练到了这个阶段，每天仅凭练是不行的，还要注意提高内在的修养，养与练两者缺一不可，望学者用心体会。

太极拳内功入门

太极拳是内家拳，以修内为主。初学太极拳就要认清此理，由学拳的第一天起，就要重视对内功理论的学习，当以松沉劲作为太极拳内功入门的基础。

什么是松沉劲？松沉劲是在松柔劲的基础上，在心里加以沉的意识。这个沉是在心里松开后自然产生的。我们在练拳时，如果心里没有沉的意识，这个柔劲就会在运动中松散与浮华，故要松沉。

松沉劲虽说是基础入门阶段功夫，但太极拳内劲由浅入深练习的关键就在松沉劲上。松沉劲的道理说明了太极拳内劲产生的基本过程。练习太极拳如果不明白松沉劲的道理，就无法练出内功。当下练习太极拳者多数都是停留在僵柔劲这个阶段。掌握松沉劲要领就在于如何放松。说到放松，大家都不陌生。为什么很多人练了多年太极拳，每天想着放松，但结果是越练越糊涂呢？

在练拳时，想着放松，这是人人都能做到的，想象是人的本能。这个想有什么问题呢？我们要知道，太极拳是越练越少，而不是越练越多，想得多与少，就是太极拳松与不松的两个方面。我们在练拳时，都是在想象如何放松，如何能练出好的功夫来，不知不觉这个松的想象就越来越多，越来越重。心里一旦产生这个包袱，就很难松开与放下，不知不觉就走向僵柔劲的道路。不是说僵柔劲不好，但它绝达不到太极拳内劲的上乘。

松沉劲的练习是越练越少，这个少不在形式，全在心里如何想象放松。这个想是有火候与分寸的。怎样掌握这个分寸？举个例子来说，一个盛满水的杯子放在桌子上，我们要将杯子端起来是很容易的，但要将杯子放下却不是一件简单的事。在放下杯子的过程中，手上的用劲大了不行，小了不行，快了不行，慢了也不行。我们总要用心去注意它，要将杯子松松地、稳稳地、静静地、轻轻地放下。仅仅做到这些还不够，当这个杯子与桌面似挨非挨、似接非接、似沾非沾时，杯子与桌面在接触的过程中，能做到毫无感觉，此时的用劲可说是小到了极点。可见太极拳的放松并不是我们想做到就能做到的。放松的道理是极其精微的、细致的，是有学问的。

初学太极拳明白了松这个道理，要在自身逐步地体会就少不了实践。如何去体会松的道理？我们每个人都有大小不等的力量，这个力量是随着成长发育而来的。我们在生活中，凡做任何事情，都离不开力量的表现。这个表现有大有小，表现的角度也各有不同。一般在生活中将这个力量也说成是劲。劲大劲小、力大力小，从感觉而言是一个意思。无论怎么称呼，都是我们自身自有的。这个劲我们也称之为“拙劲”，它与太极拳的松柔内劲是两回事。如果我们今天学了太极拳，就由今日起，在练拳时，将自身的拙劲通过放松逐步地换成太极拳的松柔内劲。在换劲的过程中，要有耐心，不可心急。举例来说，在预备式中，要稳静地将周身内与外一致性地松开。此时的心里自会出现清醒的感觉。这个感觉在内就好似一个天平，它无时不在称自身的重量、用劲的大与小。我们在练拳时，没有心里这个天平，就无法掌握松的火候、松的分寸。切记，心里这个天平是极其清醒的，在打拳时，一举一动，周身内与外无处不清醒，时时都能察觉到拙劲存在的多与少，松的质量的高与低，松的火候与味道。在此种情形下，方能将拙劲逐步换成松沉劲。

太极拳的内功是无止境的，个人的功夫成就大与小，入门是否正确是很关键的。

基本功

我们练习太极拳，需要对太极拳基本功理论有一个正确的理解和认识。我们每天不间断地练习太极拳的套路，目的就是要将身势练得柔软与顺遂，将周身松开，使一身僵硬的力量逐渐柔软下来。仅仅使周身柔软还不够，在此基础上，还要使内在的意气能够沉着，这个沉着是与周身的柔软一致的。要将周身内与外练得完整一致，这个功夫就在拳的套路上。我们将一趟拳规规矩矩地学下来，也就掌握了太极拳运动的基本功。

这个基本功不是一朝一夕之功，基本功的练习是一辈子的事，我们由第一天学拳开始，就要重视这个基本功。无论练拳的时间长与短，我们都要在这趟拳上不断地体会，不断地完善。我们的成绩大与小都离不开这趟拳，拳是本，它是我们永远的基本功。在初练的过程中，架势要宽大与开展，这样练容易将筋骨练开。我们要通过每天练拳将自身的韧带练得柔软，拉伸拉长，能体会出韧带毫无牵制之感。功夫练到这个阶段，意气在内自会通达，每在转身、抬腿、投足中，周身大小关节无不松软与便利。此时意气在内感觉自会充实。

行功走架这个基本功的练习是全面的，由起势开始就不停地在转动与变化：不同的角度与方向，转腰、坐身、弓箭步、前进、后退，无一处不到。传统套路的动作比较多，锻炼得比较全面。我们在练拳时，要认真细致地将一趟拳的道理及方法，通过放松慢慢地落实。能将一趟拳练得纯熟，这个基本功也就打下了，以后的练习还是要在这趟拳上下功夫。它就好似一块田地，你每天去管理它，它就会不断地生产粮食。值得注意的是，我们在心里要不断地提高对松柔的认识，这样拳上就自会有所改变。不要把拳的道理看得浮华了，要不断地在行功走架上下功夫。要虚下心来，在内不断地提高自身的修养。否则我们练的拳就会失去它的质量。我们只有提高了自身的修养，方可找出自身的不足和缺点，找到了缺点自然就会进步。

基本功的落实需要有老师不断地传授，学生自己要对所学内容多去理解，逐步落实到拳上。这样慢慢就会体会出意气在内开关通节的作用，感觉到韧带拉伸拉长，逐渐在抬腿投足中感觉到意气在内将腿松松提起，并体会到这样提腿才能发出劲来。太极拳的提腿不是提得高作用就大。将腿提得高，从形势上看这很容易做得到。若只是每天压一压腿，将腿上的筋压开、踢开，这种练法，就是将思想意识放到了外面，再用一点劲，提高腿也就不难做到了，但在实际应用时，看似腿提得很高，却发不出劲来。太极拳腿上、脚上在发劲时与手上是一样的，要准，要收发自如，要快能快，要缓能缓，要在沾连黏随的基础上去用，还要有一定的听劲功夫，方可掌握分寸。

腿上的练习主要是在胯部，将胯逐渐沉下去，塌下去，习拳既久，胯自然就开了，腿就能抬起来了。对于腿部韧带的拉伸，可以按照太极拳的思想理念进行辅助训练。具体做法如下：在练拳之前，身心立稳，周身松开，然后将腰松松地弯下去，头与两臂自然下垂，头和两手尽量接近地面，上身与两腿尽量接近。要注意上身与两腿接近时，不可过于勉强，只要腿部的韧带有拉长的感觉就可以了。这时人的整个身体是折起来的，臀部是上提的。在这个姿势上，保持三五分钟或更长时间都可以。这样每天练习，时间长了，腿部的韧带自然就会松开、抻开、舒展开。

总之，我们练习某套太极拳后不必再去找一套基本功的练习方法，那样练就与我们练的拳不相符。太极拳的基本功就在拳的套路上，我们要不断地通过放松提高拳上的质量，这个基本功的练习是一辈子不可间断的。

功夫怎样可以练上身

练功的人，大致可以分为三种情形：一是练得多想得少，这种练法往往难以有成就；二是想得多练得少，也同样是难以练出好的功夫；三是想得够练得也够，这种练法较为合理，更容易出好的成绩。

先说第一种情形：练得多想得少。从太极拳的道理而言，仅仅下功夫苦练是远远不够的。因为太极拳有很深细的道理，每天练拳时，需要认真揣摩，在练功走架时，要用心细细地去落实。如果用粗心浮意的练法，就容易将老师所传的道理一点一点地练丢。太极拳要求用意不用力，就是如何去想，如何用心思去做，如何用思想意识将拳中的要领、拳上的道理逐步一一落实在身上。这样练，方能由浅入深，逐步将道理体会出来。练功夫要找要领，要每天不间断地练，这是一辈子的事。如果不去体会其中的道理，只是每日苦苦练习，这种练功态度，功夫进步得就慢，道理也会越练越少，就算练个十年八载，也不会有好的成绩。每天数着遍数去练，以为有了数量，自然就会出功夫，这不是聪明人干的事。我早年练拳时就是这种情形，不知不觉就吃了亏，老师指出问题还不服气，每天练拳就像笨汉子下水，不知深浅。太极拳不是胳膊粗力量大，扭一扭、甩一甩就算有了功夫，这样的练法离太极拳的道理只能是越来越远。太极拳的功夫必须在松软的基础上，方可体会出它的作用。松软的同时还要细致，还要通过一定的时间，去僵化柔，柔劲方是太极拳的正路。

再说第二种情形：想得多练得少。这种练法，功夫上身慢。无论怎么说，拳还是要练的。如果你想得太多，而实际落实不够，就算想得再好，也很难练出好的功夫。有人说太极拳讲用意不用力，用意就是如何去想象，主要是脑力劳动，至于实际练习，适当地练一练就行了。这种观点是缺少对实际功夫的认识。太极拳的理论必须落实到实践中去，通过身形步法以及各种姿势动作表现出来。如果总是去想象，而实际操练太少，道理就会一直浮在表面，姿势动作不够松软，七棱八角。一举一动不能顺遂，不能协调，不能柔软，不能完整，就是缺少实际功夫的练习。每日只是假想，等到跟对方交手，方才知道缺少实际功夫。要练好功夫，不但要去想，同时还要下功夫去练，这样天长日久自然就会有成绩。理论太多，以为自己有了认识，在交流时，别人还以为他的思想境界有多么高，其实就算想个十年八年乃至几十年，也不会有好的成绩。

第三种情形：想得够练得也够。这样的练法是最好的。有了老师的传授，每日不断地去揣摩道理，想到了就去练，通过实际练习去体会太极拳的道理，这种练法才是巧练。既有高深的思想理论，又有实际的苦练，功夫进步得自然就会快。怎样练为对，怎样练为不对，都要通过自己的身体的反应验证它的道理。如能有老师经常在身边，不断地帮助落实，那就更好了。

老师讲出了道理，自己通过实际练习去下功夫，不知不觉，道理也就落实了。如果离老师太远，不能经常见面，自己练时就要注意，在揣摩道理方面，要如临深渊，时时警觉，用心去悟，这样天长日久，成绩才会突出。一般来说，这种练法很少。过去人练功夫，有条件的，把老师请到家里来，老师看着练，这样出功夫自然就快。还有的离开了家，跟老师远赴深山，练上十年八载，功夫也就成了。杨班侯前辈能够十六岁名满京城，原因是他的功夫为家传。因为是家传，又是童子身，天生的柔软，拙力还没有长成，练出好的功夫就不足为奇了。拿我个人来说，与太极拳结缘也不算晚，但与家传者不能相比，出成绩自然就慢。

练太极拳，不是想练好就能练好的，是受很多因素制约的。具备完美条件之人，在历史上为数不多，能学到太极拳的功夫，是讲缘分的。

全凭腰腿下功夫

太极拳不是手上的功夫，而是腰腿上的功夫。好的腰腿功夫，主要是来自盘架子和桩功。要练出好的腰腿柔软功夫，就要明白其道理和方法。首先要掌握身法的要领。在上要顶头竖脊，在下要松腰沉胯，尾闾要中正；要刻刻留意在腰，整个脊梁要有意识，直到头顶，即所谓“尾闾中正神贯顶，满身轻利顶头悬”。要注意的是，在行拳时，腰身脊梁是有屈有伸的，胯始终是沉着的，大腿、小腿直至脚下要同时松开。在松腰沉胯时，时时都要注意，两腿是有弹性的，动作是完整的。两脚在与地面接触时，要松软稳固。每在运动时，含胸必然拔背，拔背必然含胸，这是走架时自然而然的事。两肩要松沉，两肘也要松沉。拳意要由两肩行于手指，腕部关节自然松开就行了。意识要照满周身，在内心里要松开，心、神、意、气要松静沉着。在此基础上，经过一段时间的练习，方可逐步体会出意气在内主宰着一切。内外结合，相互协调，方能练出好的腰腿柔软功夫。简而言之，完成一个动作，或向左转，或向右转，或弓箭步，或坐步，腰腿最为吃力，需要在盘架子上多下功夫，这样才能将关节练柔软、练开。

从整个身体来说，人之所以能动，关节起到了关键的作用。动作的一屈一伸，只有通过关节的连接作用，才能发出柔软松弹的劲道来。大腿、小腿、上臂、前臂，以及胸背，虽说有强健的肌肉，但如果没有关节的连接，它们的劲也作用不出来。所以将关节练柔、练软是很重要的。明白了这个道理，在练功时，就要做到心、神、意、气沉着，身体柔软，天长日久，腰腿上自然就会有强大的弹力。如果在这个方面有所不足，就要在盘架子上多下功夫，不然与人推手发劲时，就难以奏效。

发劲时，腰腿是要向下沉的，但在内要以意气为主，腰腿的松软是由意气来促使的。在发劲的一瞬间，腰腿最为要紧。手上的接触点只是听着劲，身势随着走化，主要的功夫是在腰腿上。要以腰为轴，胸部要有含蓄，接触点上听劲要灵敏，两腿、两脚要有虚实的变化，神要提起，主宰一身。上虚下实，这是在练功时要注意的。两腿是下盘的功夫，腰为中盘的功夫，手臂和头是上盘的功夫，上、中、下三盘要一气贯串。在走架时，头顶一提，神贯注于顶，腰上要灵活，动作转换要靠腰来领带；胯下始终是沉着的，不可浮起来；头顶领起来，由上至下，身势自然就会沉坠，身桩自然就会坐正。初练架子要宽大一些，这样腰腿就比较吃劲。即便是吃劲，但心里还是要松软的，不要把它练死了、练僵了，腰腿不要死死地支撑着。在练功时，要多在塌胯上去体会，这样时间久了，下盘功夫自然就练出来了。从道理上说，整个身体是上虚下重的。这个重是很灵便的重，不是死死的重。太极拳要求步法轻快，迈步如猫行，如果没有这个松沉的功夫，腰腿和脚上就不能轻快。这听起来似乎是矛盾的，太极拳的功夫就是在矛盾中进行的。阴阳是对立统一的，是同时存在的，其中的道理需要学练者花时间领悟，多在实践中体验。

中　正

立身中正，不偏不倚，这是太极拳中极为重要的要领。此道理在初学太极拳时就要注意。在练拳时，上要顶头竖脊，下要松腰沉胯，由两腿松开直至脚下，肩肘要松沉，拳意要照满周身。同时，拳意由腰脊到达两肩，由两肩达于两肘，由两肘行于手指。这是身法的基本要领。在内要有中庸的思想，立身中正不是僵住不动。在练拳时，要由腰主宰一身，周身内外都要松开，身形、步法无论怎样转变都要不失中正。同时，还要做到八面支撑，也就是周身要掤起来的意思。动作或向前、或退后、或开、或合、或转身，都要注意八面支撑，不然就容易出现散乱或漂浮等现象。所以整个一趟拳，无时无刻都要掤起来，若不掤起来，意气就行不开，不能通达，内劲也就无从谈起。

只有在中正的基础上方能做到八面支撑，姿势动作或开或合、或大或小都不要失去中正和八面支撑，不然就凸凹断续了。太极拳的运动轨迹主要就是在立身中正的基础上，将一趟拳演练出来。例如，弓箭步向前时不可着意前推，向回坐身时不可抽、拉、拽，前进、后退，身桩坐正，全凭脚下虚实的变化。虚脚要渐虚，实脚要渐实，不可突变。上下、前后、左右，始终要八面照顾，这样将一趟拳练出来，才会有饱满的松沉内劲，将来在推手时，才不容易让对方“听”到你的劲。如你与人搭上了手，向前一推一按，劲就出头了，这样就容易让对方借力。

平时在练功时，要多在中正圆满、八面支撑上下功夫，这样才不会偏离太极拳的运动轨迹。

贯 串

太极拳要顺着练。

人的力量是由上下贯串而来的，这和四条腿走路的动物是不一样的。人是直立行走的动物，力量自然就是由脚下到两腿、腰、脊梁，再到头、两肩、两臂，最终到达手指，这从生理上来说是自然存在的。假如你肩上准备扛起重物或挑起担子，将身体一屈，弯下腰，再将两腿一屈，那么脚就使上劲了，两腿再一蹬，腰上再一使劲，一挺身，担子就挑在肩上了。这是人本能习惯的用力方法，这种用力方法，就是直接与担起的重物相对抗而产生的。如果你与人推手，也是采用这种用力方法，是推不出去人的。

为什么这样说？因为这样的用劲是由脚上而腿、而腰、而手，直接传上来的，这种劲是有头有尾的，是有起点有终点的，弹性很小，劲发得也很慢。太极拳的贯串发力不是这个道理，恰恰相反，是由上自下松下来的，沉下来的。这时，脚上的劲，自然就会由腿而腰，而手，完整一气。举个例子来说，若你往杯子里倒水，水倒下去了，水面自然就会升上来。在练功时，要源源不断地向下松，就像你往杯子里倒水一样，源源不断地倒下去，这样内劲自然就会源源不断地升起来。这种劲是无头无尾的，不可直取。

在练功时，姿势动作不断地在变化，身体也不断地在屈伸。在这个过程中，要做到松下去的意识源源不断，并且要松得均匀。此时，拳意是照看周身的，使身势重心时时沉下去，脚上的劲自会由下至上，一气贯串。此劲是自然而然产生的，并非想象而来的。因为在推手中，形势是千变万化的，随屈就伸的功夫是无时无刻、不可间断的，或走或化，或发或打，只在瞬间。心、神、意、气一松一沉，身势略屈，手上的劲就发出去了。这个过程是奇快无比的，是容不得你有半点想象的。太极拳是武术，实战之中哪里还有时间让你去想由脚而腿，再去一推？

贯串在太极拳中非常重要，但仅仅懂得上下贯串还是不够的，还要在中正圆满方面下功夫，要能由内形于外。怎样由内形于外？在内要稳静要松沉，功夫有了饱满的体会，自然就由内形于外了。形于外是一种什么样的情形？就像你用手去摸盛有热水的杯子，它的外面是热的，它的热量是从里面渗透出来的。用这种劲打去才透，而不可用力向外去鼓。

以上所说的这些道理，要多去体悟，这样时间长了，功夫自然就会有长进了。

放 松

学拳容易放松难。

“松”这个字，对于每一个练习太极拳者都不陌生，那是不是大家都做到了放松呢？是的，只不过每个人松的程度、质量不同而已。放松在太极拳中是非常重要的，可以说放松的质量高低决定了一个人练习太极拳的最终成绩。

松的思想理念人人都有，但大多数人并没有达到太极拳所要求的松。这其中的原因何在，是不是有什么秘诀？是个人对松的道理理解掌握得不够？还是老师没有说明白？

从松的根本道理上来说，就是不断将内心放下，从头脑思想里丢掉拙力，不断松开，思想上不断去舍。这些道理要能够慢慢地一一落实，关键就在心里。如果心里不松，气势、神经就必然紧张，这时思想就像一条无形的绳索，捆住了自身。要解开这个绳索，就要明白它的道理。太极拳不是一天练出来的，就像一个孩子在成长的过程中，每天要吃饭，如果吃多了，就撑着了，这就是病，这就是急于求成，就是过。太极拳的放松也是这个道理。从你第一天学拳开始，由老师慢慢讲述，每天要学，每天要做，每天要去松，内心要稳静安舒，不能急躁。如果你心中一急，就必然去求，一求，就紧张了，就难以松开。从道的思想理念上来说，就是要顺应自然。每天念念不忘，想多了就过了，不去想着它，也不行。要顺其自然，这就是太极拳放松的秘诀。

每个练功者，都希望自己进步。每天去想，每天去求，从常识的角度看是没错的，但从太极拳放松的理念上来看却是错误的。太极拳的功夫不是求来的，而是在每天不断落实太极拳的道理的过程中自然而然得来的。对于“功夫”这个名词，我们需要多去想一想它的道理。有许多练功夫的人，每天在下着工夫，出着汗，耗着精力与时间，在练拳时一心想要练出功夫来。你看他练的拳似乎有举鼎拔山的力气，紧着气势，裹着劲。在不懂太极拳的人看来好像他有多大的功夫，但内行人看见，就知道他是在自己和自己较劲。用这种方法练出来的功夫，在实际应用上就会两力相斗，只能用来摔扭。这种劲用来摔人，或摔口袋、摔木桩，能发挥出来。这是因为臂上的劲和手上的抓力，会跟身上和腰上的劲两力相合相扣，从而发挥出它的作用来。这种劲叫“横劲”。

太极拳的劲与之不同，太极拳是要顺着练的。顺着就是松开，就是周身要顺遂。要做到顺遂，在思想上先要顺遂，这样，意气在内才能做到顺遂。如果做不到顺遂，就松不到位，就是横着练。横劲是明劲，这种明劲看似有功夫，实际是把劲使到外面去了。太极拳讲暗劲、内劲，不要有这种明劲。一有这种明着的劲就松不开了，是自己和自己在打架，长此以往就会将自己越练越僵，即使有一身的大力气，在推手运用时也感应不灵。太极拳是要松着劲练，软软的、柔柔的、轻轻的，只有这样练才能练出好的内劲来。松不要松到外面去，要在内里放松自身，这样才不会散，才不会懈。若将松的思想意识放到了外面，一松就懈了，架子就垮了。如何在内松？要做到神意在内藏着、含着。这就要身心稳静下来，不向外去做，不向外去求，不向外去想，身心内外均匀地松开，让劲力无形无象，就对了。

松到了没有形式、没有样式、没有架势，统统能将外面的劲通过放松内化，不见半点形迹，这才是好的练法。功夫练到这个阶段，在松上就有了一定的基础，就有了比较深厚的内劲。

松的功夫是无止境的，松柔是太极拳的灵魂。要每天无止境地放松，就要每天去做减法，减掉一切主观思想，减掉一切外在形式，这样才能体会到松的精髓。

一个人随着年龄的增长，骨骼会渐渐强壮，慢慢地也会老化。若松能够松到内心、骨骼当中，老化的筋骨就会有一定的韧性，就会有极柔软的感觉。杨氏太极拳在自身功夫上能够进入到柔若无骨的状态。到了柔若无骨这个阶段，一个人的身心就会进入到另一种境界，从感觉上来说，就是清静无为。你说它静，静中还藏着动意；你说它无，似乎还存在。这样，在推手时对方来劲，你就会不快不慢，不先不后，巧妙地把它化掉。这种功夫是通过放松自然而然形成的，不是求来的。

松是客观自然的，不可有半点勉强。初学者虽说难以做到，但需要明白其中的道理，不断地认真揣摩。

太极拳的功夫是越练越少

太极拳的练习大体可分为三个阶段：思虑阶段、少思少虑阶段、无思无虑阶段。

一、思虑阶段

初学太极拳，一般来说都是想得多，想姿势动作，想身法要领，这是初学太极拳必经之路。初学招式必然要想，边想边将一招一式表现出来。要想如何去放松，如何去照看身法，如何将每一个姿势动作准确无误地做出来。有些人强调练习太极拳要少想，想多了就滞了。这话说得没错，但要看习练者处在什么阶段，也要知道什么是想，什么是少想。少想是需要经过一段时间的练习之后，等到姿势动作熟练到一定程度，对太极拳的道理也有一定的认识之后，自然而然达到的。初学太极拳，在一年半载之内，要记忆各种动作，要理解各种要领，还要将要领落实到拳架中去，思考和想象是少不了的。不过要注意，这里所说的想，是想太极拳的道理，并非向外去想如何去用，而是通过想象与思考，将太极拳所要求的要领，逐步落实在拳的套路中。通过老师的口传身授，在弄清楚姿势动作及其要领的基础上，运用想象认真地把它做好，这就是比较好的方法。如果动作还没有熟练，道理也没有落实好，就急于去追求劲的作用，这种想象就是妄想，是多余的，是在学习太极拳时要避免的。掌握了太极拳的基本动作和基本道理后，多加练习，技艺越来越纯熟，想象和思考自然就会逐渐减少，此时功夫就接近了想象的高级阶段。这时一般能做到思想全面地照看周身，做到八面支撑。此时练功，要减少思虑，仅凭外在的操练还不行，还要去悟，如何一动无有不动，如何能一气贯串，一举一动，周身内外，无一处不相随。不减少想象，身势在每一动时，就会受主观想象的限制。

初学拳时，往往是想了上面顾不了下面，想了左面忘了右面，手脚相互不能协调，丢三落四，顾此失彼。这对于初学拳者是很正常的。在这个阶段，学生一定要有耐心，多听老师的意见，静下心来规规矩矩地按照要求去练，慢慢地就会由不熟到熟。急于求成是练功夫的一大忌。这个阶段虽说是初学，但最为关键。不打下一个好的基础，就会越想越多，越想越乱，还认为自己想得很有道理，其实不知不觉已离开了正确的道路。

二、少思少虑阶段

经过前面的一个阶段，每天进行练习，等到动作能够连贯顺遂，对太极拳走架时的连绵不断已有所体会，就逐渐走向了少思少虑阶段。这时对太极拳的道理已有了一定的认识，不过这个认识仅在心里是不行的，还要落实在身上。如有条件，最好能通过推手进一步地去体会太极拳的道理。太极拳是武术，是讲实际应用的，在推手时往往是不容多想的。人家抬手来了，你再去想，就来不及化开，化不开就走不掉。

但是，有很多人，练了一辈子的功夫还是停留在想象的阶段。太极拳要能做到在实际应用中不想自想，方为合理。功夫要练到这个程度，并非一朝一夕能够做到的，要得明师传授，要有悟性，还要肯下功夫。只有功夫练到这个阶段，才能体会到它的妙处。这个时候在练拳时，心里总有说不清道不明的感觉，但心里对它的道理，是有所察觉的，是明白的。所以老一辈说，功夫到了一定的阶段，只可意会不可言传。到了这个阶段，每天练功夫，在直觉方面，无时不在变化，无时不在提高。在推手应用方面，或黏或走，或进或退，基本能做到不丢不顶，恰到好处。在听劲方面也有了一定基础，内心越是松静，就越是灵快。心里想得越多，就越是笨拙，相反，想得越少，作用就越大。想得多与少，主要就是对松的不同阶段的不同认识。太极拳的实际功夫，主要是来源于周身的柔软放松，如果不能柔软下来，毛病就出在想得太多，越想越多，越想越重，越想越滞，越想越呆板。如能逐步地减少想象，功夫自会慢慢产生。这个想与少想的道理认识不清楚，就算你苦练一生，也成就不大。

三、无思无虑阶段

无思无虑，一切虚而无物。在此阶段已能不守自守。虽说有姿势动作，但也并不见精神思想有一丝一缕外露的痕迹和走向表现。功夫到此阶段，行拳走架就不重要了，已能在生活中无处不太极，只见其形，不见其动。此时的人已不受理的限制，但又处处能符合理法，已能随心所欲，已能不达自达，不到自到。无思无虑并不是没有思想，一切随之而来，随之而去，可以不加以想象。这是我多年来练习太极拳，对太极拳的道理不断揣摩，不断练习所得到的一些体会，说得是否正确，希望高明人士审之。

开 展

开展不在形式，以心为大，心无界限，方为开展。

开展与紧凑，是练功的不同阶段。初学太极拳以及功夫上身这个阶段，要在开展上多去体会，多去操练。在开展这个阶段，要将韧带练得柔软，如不能柔软，灵觉就不会产生，推手时化劲感应就不灵。

开展在内是无止境的，是无界限的。真正的大是看不见摸不着的，是无形式的；真正的小，也是看不见摸不着、无形式的。从这个意义上说，大与小是没有区别的。真正的开展不是想象而来的。太极拳是以自然为法，要逐步地提高认识，反复地练习，功夫才可登上这个阶梯。

人的身体再强壮，也是有限度的。只有将心里松开放下，由心意来促使开展，方能真正地做到内外统一的开展。不过开展的同时还要有含蓄，没有含蓄，就散了。心里不要拿着，不要端着，不要拘谨，要含而不露。这样每一举一动，身势自然就会随着心意松开。身体是有限的，是有形的，心意是无界限的，要在心里逐步提高认识，才会去掉形式的束缚。

初学阶段，在开展上需要在老师的指导下，逐步去掉外在形式，转入于内，慢慢提高认识。每天在练功时，一举一动不忘松静，摧僵化柔，随着骨骼韧带的松开，松沉劲就会逐渐地产生。用意不用力，意识在内，天长日久，气自然就会随着意识而行、而动、而到；开关通节，意气往来不断，内劲的功夫自会日渐加深。

一般看来，将姿势的大说成开展，将动作的小说成紧凑，这样说并不是没有道理。不过动作的大与小，仅是形式而已，思想上不要被形式限制住了。对于初学者，依照规矩，学好姿势动作，通过开展这个阶段的练习，由硬力到松软，再到轻灵。到此阶段，就犹如看山观景，近看清晰无比，远看虚无所有。到此境界，便可以向紧凑方面去体会了。

心意的道理

太极拳的功夫以修心为主，是在内不在外的。人的肉心只有一个，而看不见的心有无数个。我们在日常生活中常常以心说话，如爱心、善心、决心、进取心等。我们练习太极拳就是练习如何用心打拳、用心沉着、用心思索。这个心与思想意识有什么不同？这只能从感觉上、从太极拳行功走架的要求上来谈。

在练习太极拳时，两眼如半睡状，这时的思想意识是从外面收回来的，同时是向内向下的，与内心相合。这时的人是最聪明的，这是心脑相交产生的作用。举个例子说，我们在生活中考虑问题时，总是要内敛于心，静静地思索。没有人在思考问题时两眼大睁、脚步匆匆，他总要把脚步慢下来，停下来，思想意识向内心深处去想，去问，就容易找到问题的答案。

心是人的一身之主，要把这个心说得具体是不可能的。你今天感觉内心很平静，明天说不定遇到了什么事情，心理就会产生变化。我们在生活中或喜或忧，就是心理感觉的变化。在一个人的一生中，心理的感觉变化是数不清的。功夫的高低、成就的大小，就在于心、神、意、气在内产生的作用。虽说心、神、意、气各有分工，但在内是统一的，是完整的。在练拳交手每一动时，如何提起精神，内心如何放松沉着，如何以意领气，又如何能使周身各部分各得其所，各到其位，全在于用心用意。

如何用心用意？用意也就是用心的意思。要虚虚地用意，要松松地用意，要稳稳地用意，要静静地用意，要沉沉地用意。在练拳时，要细心体会用心用意时的感觉，意到哪里心就到哪里，心到哪里意也就到哪里，也可以说周身都是心，周身都是意，这全凭个人对太极拳道理的感受。

说到感受，这是一辈子的事，不同的阶段就会有不同的体会。这些道理都要通过时间、通过自身的练习来说明，我们的身体就相当于是理的试验田。初学者对太极拳的了解少之又少，听老师讲太极拳的道理，感觉似乎是遥不可及、高不可攀，但若能潜心向学，再由老师慢慢地言传身授，不断地示范心、神、意、气的表现以及作用，就会有越来越深的体会。

在练拳的不同阶段，心、神、意、气都会有不同的感受和改变。在这个过程中，强壮的身体慢慢地就会柔软下来，精气神自然就会由内而外萌生出来，生出来后要再让它在内越来越浓、越来越厚重、越来越饱满。这个饱满不要用心来限制它，它是要不断地产生变化的，变化的结果就是越来越虚，越来越净。这时外在的形体就会感觉越来越弱，强大的精神气魄就会表现得无比充实。到此阶段，在推手化劲时，就能做到用意气化掉对方的来力，来往伸缩自然就会通达便利，功夫也会日渐增长。这时，自会感觉内心的空间无比庞大，这个大是不可以用语言来形容的。这种感觉是很微妙的，就算想把内心的感觉描述出来，也已到了言语说不清道不明的地步。这个时候，在生活中察觉事物，往往也会有意想不到的效果。

气的功夫

太极拳是内功，是气功。气在内如何产生作用？拳论上说：“气宜直养而无害。”这无非是说气是养出来的。什么是养？气的起伏鼓荡，是随心意而来的。太极拳讲沉气，讲顺气，这就是说，我们的心意在内应当是沉着稳静的，是不急不躁的，是淡定自然的。若能长此以往地这样做，对这个“养”字慢慢就会有所体会。这个“养”不是静止不动、流于形式、做做样子的。人不是固定不变的物体，人是要动的，尤其是练功夫的人，与人搭手，都要体现出气的功夫来。

太极拳的功夫松软自如、一触即发，这个功夫的关键就在气上。人的心意越是空虚，它的作用就越大。若你憋着劲，想着如何在内让气产生作用，反而没有劲了。因为你一想它如何产生作用时，神经肌肉就难免紧张，气在内就不能主宰身体而发挥有效的作用。

有些人练拳，乍一看很有功夫，实则是气不顺，和自身打了架，临用时根本发不出劲来。太极拳在练功时，虽说是讲气、用气，但思想心意不能限制它。你一限制它，周身就会不自在，就违背了生理，这就是“有气者无力”的道理。我们不必专注于气，若你刻意专注于它，那就是“在气则滞”。当我们不断地放下内心，让思想意识布满周身，气自会相随与鼓荡。

气有着无限的能量，但初学招式时很难体会到它的作用，因为这个阶段筋骨肌肉强壮的力量大于气的感觉。随着每天练架子，筋骨日渐柔软，气的感觉慢慢就会充实起来。随着意识由表及里，意识在内一分，气就会产生一分的功能；意识在内五分，气就会产生五分的功能。不过这个在内的意识，是无形式、无样式的。随着对心意不断地提高认识，自身的内气就会与天地之气合为一处。功夫练到这个阶段，已不单是气的成分与作用，神明的感应、神明的灵智也都已有了一定的基础。进一步练下去，功夫就会不断地脱离形式，脱离筋骨肌肉。随着时间的积累便能练出神气之体、神气之劲。这个功夫，就是遵循太极拳的道理不断地进化、不断地深入提高而来的。

太极拳的功夫是无止境的。功夫高者在推手中的变化是无穷无尽的，无论挨着身体何处，听劲都会自然发挥作用，随时能将内劲透到对方身上。筋骨肌肉的力量再大，也绝没有此味道。切勿将功夫下在筋骨肌肉上，而是要下在心、神、意、气上，这是学拳者最值得注意的，否则都是枉费工夫。

太极拳的功夫本是无形，无形才大于一切。功夫并非一朝一夕而来，只要学者有诚，终有一天会拨开云雾见青天。

阴　阳

阴阳是太极拳理的主要纲领。阴阳是同一事物两方面的代名词，也表现了两个方面的关系，它是对立统一的。

对太极拳的阴阳的理解仅停留在表面是不行的。功夫是讲实际应用的，无论是走架还是搭手，阴与阳这两个方面是不能向同一个方向走的。如果向同一个方向走，就不能产生作用了。例如，前按时，思想意识要向回、向内，源源不断地松沉下来，这时意气自然就会将身势鼓荡起来，劲就按出去了。但要注意向回的意识是不能断的，这个意识平时在打拳练功时，就要将它练得纯熟。

因为在实际应用时，发劲的时间是极其短暂的。在接触点上通过听劲，觉察到了发劲的时机，神意向内一松、一静、一沉，内劲就鼓出去了。这种劲在应用时，不但速度极快，而且入里透内，让人难以抵挡，难以防范。如果你的思想意识与动作是合在一处向对方身上按去，这就违背了阴阳的道理，是按不出去多大劲的。当你的手挨到对方身上，向前一按、一推，思想与动作同时而去，对方就会成为你的障碍，你的劲就会停留在他的身体表面，透不到他的身体内部，就不能将他打出去。

太极拳的推手发力不是推出去的，而是打出去的。身体要不受力的限制，阴与阳、虚与实，往来得要自然便利，否则效果不大。太极拳的功夫，是要发能发，要化能化的。在化劲时，向回捋带或采挒，思想意识只是向下一松、一沉，在接触点突然一采便是。这时不可以向回拉拽，一拉、一拽身势就瘪了，这种用法，劲的作用时间太长，对方容易逃脱，也容易两力相抗。由阴与阳变化产生的功夫是很不一样的。当你向回动时，从表面看去姿势动作是向回合拢的，但思想意识却是在内源源不断地向下松沉，神意在瞬间是充满周身的，从外面似乎什么都看不出来，但在身势之内阴与阳却同时存在。

阴与阳的变化是很奥妙的，但它并不神秘。在太极拳走架中，动静虚实就是阴阳的变化，变化的过程是无声无息的，是周而复始的。如果我们对阴阳的理解停留在表面，这边是阳，那边是阴，看成是固定的，这样只有阴阳的对立，是不完整的。在这种情形下是不能动的，一动就失去了完整，原因是阴阳没有统一，也就是阴中没有阳，阳中没有阴；阴阳虽说同在，但不能停下来，停下来就散了，就不会产生无穷无尽的劲道。阴阳相互转化，相互依存。功夫是由阴阳变化而来的，内与外、虚与实、动与静、上与下、开与合，阴阳自在其中。

在练习动作时，是有出有入的，有开有合的，要做到这一点，就要懂得阴阳变化的道理，并要反复不断地去思考，去揣摩，深入理解这个道理。练太极拳必须明白阴阳的道理，练拳时要服从这个道理，不然就远离了太极拳。明白道理后，无论是在拳理拳法上，还是日常生活中，随处都可体会它的奥妙。事物发生演变，本身就是阴阳两个方面相互作用的结果。但不要把它看得太呆板了，呆板就没有变化了，就会停、滞。太极拳的功夫，在与人交手时，是灵快的，能做到这一点，就是平时练功时，练在这个理上了。

寻理求精，求真务实，希望学者珍重。无论你年轻时有多么强壮，人终会老的，但阴阳的道理是不会老的，它是你永远的朋友。各人处事都有个人的看法，但不能代表真理，真理是每个人都可以去享用的，希望我们都能走在理的道路上。阴阳的道理虽说高深莫测，但往往越是高深的道理就越是朴实，朴实到了极点，看不见摸不着，我们只能用心去悟。

拳 意

太极拳讲用意不用力，李雅轩师爷曾说过，“拳意不上身，是一辈子瞎胡闹”。什么是拳意？拳意就是行拳时意识的直觉。为什么他将拳意看得如此重要？是否有些人忽略了拳意？他的意思是说，每在行拳时，都要以逸待劳，处处都要挂着拳意，带着拳意。拳意要布满周身，就是你的虚体和实体要结合一处。什么是实体？实体就是我们看得见的有形的身体。什么是虚体？虚体就是由意识构成的你，是与实体的你相统一的。打个比方，就好像你身上穿的衣服，是随着你的身体四肢的，是由它来包裹着你的身体。思想中形成的虚体是由内到外的，是无处不在的，是均匀的、完整的。就如李雅轩师爷所说，你的五官面相，甚至是你的头发、指甲都要带着拳意。进一步说，就是人的真身是什么样的，虚体就是什么样的。不过这个虚体可大可小，可开可合，可动可静，或转身或投足，都要带着拳意，虚体与实体永远都不可以分开。

有的人强调，在打拳时，或单手前按，或出直拳时，意识要放得远，越远越好，这样用的时候才能够放长击远。这样的练法，就是向外去打、向外去练，这跟拳谱是背道而驰的。太极拳要求神意内敛，是含而不露、收藏于内的，这是拳经里讲的，我们要相信这个道理，不然就很容易将这个拳意练到了外面去，在外漂浮不定，还以为是自己练对了，还以为自己的想象力多么丰富，实则已离开了太极拳的道理。这样的练法，哪里还能将内劲练得充实？太极拳是要求在练的时候意识在内，要上下贯串，意气往来不断，在动作或开或合时，去体会动与静、虚与实，这样练，意气在内，如松得恰当，内心舒适，方可体会到意气鼓荡的功夫。

拳意的用法，不可直来直去，它的意识是浑圆的，是圆满无缺的，是要八面照顾的。这个拳意，要让它越来越充实、越来越厚重，越练灵机性越强。处处都要以拳意为主。筋骨肌肉虽说支撑着身体，但它没有主动权，主动权在拳意，意识怎么反应，筋骨肌肉就怎样去做。如拳意不够，意识不浓，往往是将拳意散到了外面，没有将它收拢回来。仅仅让它回到身内还是不够的，内心里要沉着，要松静，要不急不躁，要极自然才行。

能在拳意这个道理上逐步地提高认识，再能够随着时间将身势不断地松开，拳意在内就会越来越充实。拳意充实后是个什么感觉？就好比一个水杯充满了热水，你摸到杯子外面感到了热，原因是它的热量是从内里透出来的，是行出来的。身体松开后拳意自会布满周身，丹田里是自然松静的，拳意是要照看着丹田的。功夫练到了这个阶段，能够让内在的丹田主宰着一身，影响着一身，由丹田里的拳意照满周身，一切动作或开或合，或动或静，皆由丹田主宰着。如能将丹田练得充实了，丹田里就有了内劲功夫。太极拳强调腹式呼吸，能在这个功夫上有所体会，人的身体就逐渐会与自然结合。也许有人会问，我们每个人生命的延续，不都是因为跟自然是一体的这个缘故吗？首先这样说是对的，但我说太极拳的功夫，内在丹田里的拳意充实后，与自然的结合，跟没练过功夫的人是两码事。只凭口鼻呼吸来吸收氧气维持生命，这是人人都可以做得到的。但太极拳讲的是内呼吸，也就是腹式呼吸，这个呼吸可以促进身势的鼓荡开合，这个呼吸要比口鼻呼吸深长，它可以主宰一身，在推手发劲时，它的能量很大，这是没有练过功夫的人所不能理解的。要做到这一点，全凭在内的拳意、老师的传授，以及个人的天资和悟性。

神意内敛

太极拳的功夫不在筋骨肌肉的力量上，主要是神意在内的作用。神意在内要主宰一切。神意是看不见摸不着的，是无形的。我们在日常生活中，神意一般都是松散于外的，很少在内去体会。神意表现于外时，两者是不分家的。比如你向外去观察事物，两眼一看，意识一想，两者之间互相为用，彼此不分离，这是神与意向外了解事物时的情形。

当我们练习太极拳时，就要将神与意收回来，回到自身。当神意回到自身后，神与意的作用是不一样的。先说神的作用。神的出路主要表现在五官，在两眼，也有的说，印堂是藏神之所。我们练习太极拳时，最好不要把它局限在某一点。神的作用，主要是将头领起来。神是在上的，而气是在下的，要往下沉。神在上不可以散漫，不可以呆板，不可以停滞。所谓一身之劲在于顶。我们在日常生活中，家里都有照明的电灯，这个灯要起到照明的作用，它一定是在上的，所谓“高灯下亮”，要将它拿起来，提起来，高高地举起来，提神就是这个道理。要在每天练习时，不断地用心去体会。

意的作用与神的作用的区别，就在于意能够行遍周身。思想意识是出自大脑的中枢神经，它可以向内专注，可以由上至下，可以放大和缩小，可以照满周身。比如你坐在家里，去过的千里之外的地方，一想就到了。这就是意识的功能，它的作用是很奇特的。我们练习太极拳，要将意识收回到自身，专注于内，要以意领气，意气在内，一开一合，一鼓一荡，就这样将一趟拳演练出来。

神与意的功夫，一定要懂，不懂得它的作用，练的就是筋骨肌肉。

反观听内

反观听内在太极拳功夫的练习中是极为重要的。人们在日常生活中，多是习惯向外去听、去看、去想。而太极拳的反观听内，是让我们将向外的一切活动，统统收敛回到身内。反观听内就是将心意收回来，在内去行去运，不断提高心意的功夫。

怎样才能反观听内？我们在练拳时，站好预备式，由松回来的思想意识，注意到周身各处，内外、上下、前后、左右，处处都要有心意，专注于内，细心察觉于自身，此察觉谓之“反听”。所谓的“听”，放在我们日常生活中都是习惯向外去听，向外去看，向外去了解一切事物行为，而练习太极拳时则恰恰相反，要能够听其自身。这个听，就是思想能够察觉自身的一切，目的就是要每一动符合太极拳的理法、规矩和要领。这个观，是将眼神虚虚地收拢回来，两眼如半睡状，将神收于内，含于内，使内部有照亮的感觉。这个亮，就是自身的一切功能不向外去耗散，不向外去动，相反，要坦然于内。如不能反观听内，思想必在外，漂浮松散，一趟拳练下来毫无意义，缺少味道。太极拳的功夫以练内为主，在内的察觉全凭自身反观听内的能力，做到以心行意，以意导气，以气运身。

反观听内功夫的练习，以自然为好，不可向内穷思极想，否则必呆板。反观听内的功夫不可缺少，此乃功夫之要诀。

人自身的功能很多，日常生活中，专注于外时比较多，两眼所看，两耳所听，形形色色。练习太极拳，如能与日常生活相反，关注自身，察觉一切身内活动之变化，心中自会安然无事。向内、向外有所求，都谓之过。要发现自身之缺点，就必然要在反观听内这个道理上去注意。自身缺点的多与少、大与小，全凭反观听内来审视。练习内功者，不可缺少此功夫。找到缺点便是进步，如找不到缺点，是缺少反观听内的功夫。

对反观听内有了一定的认识，就可以在练功时多去体会。在练功时，不受外面一切事物的干扰，能够静如止水，周身方能做到一家。周身一家，就是周身一致性地清醒，这个清醒就是来自完整的反观听内的功夫，是对周身的察觉。

一般认为，推手的听劲是由推手功夫练出来的，其实不然。所谓推手的听劲，是要先从拳上练出来，再通过两人推手的练习，才能让自身的听劲在两人推手之间发挥它有效的作用。这个听劲主要就是来自反观听内。听内，主要的是如何听其自身是否松开，是否松静，是否贯串，是否完整，是否一举一动不离中正。要能听到周身细微的变化，功夫方能练到极精微细致。有了精细的察觉，听劲的巧妙必会出现，与人搭手必会体察一切。

完 整

完整是太极拳运动中极为重要的一个概念。练习太极拳如果做不到完整，就不可能练出好的功夫来。

简单地说，完整就是没有缺陷的意思。要能够周身无处不完整，自然在推手中就能做到周身皆是手。要做到完整，关键就是要守住规矩去练。要守住规矩，要领就在于对腰的认识。在打拳时，一举一动，都要由腰脊作为统帅，统领周身。任何动作都要在腰脊的带动下，完整一气，要一动无有不动。要练出完整的功夫来，还要懂得在内如何行神运气。意气在内要贯串周身，要懂得如何主宰于内。这样练出的功夫，在发劲时才能把人弹射出去。这里所说的完整，对于功夫来说尤为重要。这个完整，不是死的完整，不是打成包裹、焊住了的完整。如果是这样的完整，推手中就不能变化，对方来劲时，就不能化开。

要达到完整就要做到一动无有不动，就要以心行气、以气运身。如何行与运？要明白这个道理，就要明白太极拳的劲是从哪里来的。两脚是内劲的根源，劲起根于脚，发于两腿，主宰于腰，行于手指。要注意两肩、两肘和两臂要松沉，要时时照看着腰脊，脊梁上的意识不能断了。很多练过太极拳的人虽然大体知道这个道理，但多是认为劲是由脚下蹬上来，或想象将它行上来，这是没有明白太极拳的道理。要想做到由下至上，不可直取，意识由下至上只是照看就可以了。

人的身体都有重量，当你的思想意识让周身松开下沉时，脚上的劲自会升上来，这就是上与下的关系。行功走架时要以沉劲为主，这个向下沉的意识不可以间断，沉劲不止，脚下的劲就会源源不断地升上来。这是我学拳时老师再三强调的。通过多年的练习，我深刻体会到了这其中的道理。这样的练法，练出来的劲，在推手中运用才便利，劲才来得突然和充实，打出去才有透内的功效。练拳时，在身法方面主要是由腰主宰一身。在内是由心意将气沉下去。这个沉，就是沉着的意思，在沉着中要注意意气的顺遂。意气在内要节节贯串，完整一气，往来不断。同时，还要注意周身无时无刻不在松开，意气才能够不受滞。每天练功时要多去体会揣摩，才能将意气练得充实。

这里值得注意的是，周身松开后，丹田慢慢就会有充实的感觉。在行拳或推手时，丹田劲是由腰脊发出来的。练功日久，丹田便自会日渐充实，但要切记这是自然而然形成的。练拳时，功夫主要还是要下在腰上。老论中说："刻刻留意在腰间，腹内松静气腾然。"松静就是自然的意思，自然不是不管它，是要照看它。由尾闾到腰脊、到头顶，思想意识无时无刻不在照看着，这样丹田劲自会由腰脊达于梢节。

太极拳的功夫是阶段性形成的，由浅入深。这个功夫形成的过程，主要就是完整的质量不断提高的过程。在走架时，要有松沉的劲道，要由内形于外，同时要有完整的气势；要立身中正，在不偏不倚的基础上，要做到气势磅礴，动作舒展大方，同时也要含而不露；在神气方面，要去体会神气的充实；在身法方面，注意顶头，意气下沉，注意腰身脊梁，还要内外完整，周身松软一致；在用腰方面，要去体会腰上的圆满、腰上的感觉、腰上的灵活。腰脊之力要充实，要由腰身带动四肢，完成整个动作。在腰的主宰下，周身能一致地松软、完整、灵活、沉着。在用神用意方面，动作或开或合，都要以意气为先。动作在开合的过程中，开中要有合，合中要有开。这些都是完整所不可或缺的因素。

当周身松开能做到完整，松沉劲就有了一定的基础。这时对轻灵也自然有了一定的体会。功夫练到这个阶段，在思想意识里对大松大软就有了一定的认识。大松大软的功夫，是师爷李雅轩再三强调的。但这步功夫仅凭心中去想，就算勉强去做，也是做不来的。我个人对大松大软的体会是，在心、神、意、气方面和沉着方面，能做到不受外在形式所限制，能体会到用心打拳的感觉；在筋骨肌肉方面，能做到每一动由心意来促使动作的开合。从感觉上说，这时的韧带已经很柔软，松开后有拉伸拉长的感觉，同时沉着的意气，会感到无比的充实，庄严而有气势，从气势中就会自然生出虚无的感觉。

完整虽说要紧，但要注意这个完整是松松沉沉的，是有弹性的，是有灵机的。要做到太极拳所要求的完整，不是一件容易的事，因为人的四肢与腰身在生理上有很大的差别。我们练功时要通过腰，将周身四肢贯串起来，还要有开合，有动静，有虚实，内要有意气的往来与变化。融汇了这些道理，再通过放松才能将周身练得完整。这个完整还要通过推手反复地体会，才能够不断地提高。在推手时，无论对方怎样攻击，都不能失去完整，若失去了完整，一身零散，对方就容易进得来，自身的重心就难以保证。要通过完整的意识，将上、中、下三盘合一，这样在与人交手时，脚下的步法就不会乱，自会轻快，手上的听劲也自会机智灵敏。这样与人推手周旋，才能发挥作用。

在练习太极拳的过程中，一定要充分重视完整。无论是打拳，还是推手，都要注意完整的味道。

文武两道本一家

文人武相，武人文相。文武两道，虽说入门不同，但本是同一道理。

习武之人，初学之时，多是外在的锻炼。通过一段时间的练习，外在形式逐渐能够圆满，则需转入内在，以修内为主。所谓内者，以修身养性为主，一切的外在均为形式。太极拳的功夫有着言语不可尽述的道理。默识揣摩这其中的道理，可渐至从心所欲。

到了修内的阶段，每日练拳，可细心体察是否去掉了形式，思想意识是否能够安于内。若能将一切的道理修于内，使理论知识能内化于一身，人的体貌特征就一定会慢慢产生变化，外形文静高雅，内在充满着无限的精气神，因此，内在修养有着无限的作用。虽说是习武之人，但武学知识已到了内化的程度，已能融入身心，此时的武人，已转为文相。

而当一个读书人，能够将所学的道理消化于内，此时内在的知识与精神的力量自会充满周身。虽说是读书之人，但他具备了一个习武之人的精气神。举止虽说文雅，但内在充满着力量。他的力量正是来自他内在无限的知识，此时的五官面相无不庄严大气，具备了文人武相的风度。

太极拳是在内而不在外的功夫。行功走架时，满脸的神气，剑拔弩张，喜欢人前卖弄、表现自己，这不是习练太极拳的境界，这种练法一辈子也不会将太极拳练好。太极拳走架时，心理意识看似平淡，但其作用不可限量，这是一般人所不能理解的。一般认为有粗壮的身体、强大的力量，与人搭手就可以以力取胜，殊不知太极拳以柔化为主，轻灵无比，是以四两拨千斤之劲见其微妙。武学修养贵在德行，不以好勇斗狠为能。如遇好手，切磋技艺，彼此增长知识，那是习武之人的幸事。

历代武者有大成者凤毛麟角，原因是习武之人多是在外追求，而不注重提高内在修为，虽说耗费毕生精力，但成就不大。拳经云，太极者无极而生，不修此道难以体会太极拳高深莫测之理。能得此理者，方知太极拳应以自然为法。自然之理，以规矩形成，前后有序，此乃太极拳不可不知之理。

中华民族有着悠久的历史，有博大精深的传统文化，太极拳乃其中之一。太极拳经由历史长河一路传承至今日，当下太极拳界众说纷纭，真假难辨，学拳者已不知何人说的为对，何人说的为错。祖宗之学贵在修养，无论学文学武，以继承为主，以发扬光大、造福社会为根本。使各家文化深入生活，使学习者能得到健康的身体，生活能永久地幸福，太极之学便贵在于此。

学太极拳真难

学好功夫需要时间，我们需要在时间这条长河中，去一一落实所学的道理。我们在落实太极拳道理的过程中，会遇到种种意想不到的困难，此时就会感觉到学太极拳真难！心中有难难更难，练功夫要有霸气，才能不被这个难难住。

太极拳真难练！经过初期的学习之后，很多太极拳学习者都会由衷地发出这种感叹。太极拳博大精深，如果我们一练就会了，就懂了，还说什么博大精深？我们的人生不就是要做点难的事情吗？说它难，难才有意思。如果一练就会了，就没意思了。如果我们在人生道路上，用心去感受，无论在哪个方面，要真正做好自己想做的事，做出好的成绩来，都不是那么容易的。太极拳不是常识的运动，我们说它好，就好在了这里。它一切的思想规律，都是与日常行为习惯相反的，这是太极拳难的根本原因。因为太极拳不是常识运动，这就要求我们每个习练此拳者，都要换换脑筋。

我们在学习太极拳的道理时，或在实际演练中，要在内心突破这个难字。若被这个难字挡住了前进的方向，就是内心缺少坚定的意志，进而缺少了前进的动力。我们静下心来去感受一下，在生活的道路上，不是经常会遇到一些困难吗？这些困难就是对我们每一个人的考验。如果你经得住考验，能战胜困难，真理就自会呈现在你的面前。人生就是这样，往往让我们很无奈。我们在做一件事时，可以用心去想一想，为什么要去做这件事。如果我们认为应该去做，值得去做，就不要犹豫，努力去做，战胜一切困难来达到自己的目标。

坚定信心，勇往直前，我们就没有战胜不了的困难。我为什么要说这些话呢？多年来我习练太极拳，也教过一些学生。我听过太多的人提到这个问题：“太极拳真不好练，要把太极拳练好太难了。”其实，并不是太极拳太难了，而是我们自己的意志太薄弱了。能在生活中鼓起勇气，提起精神，用智慧来化解一切，做到一切，确实需要有一个好的心态，并且要有一定的信心不断地学习。

太极拳虽难，但我们要通过自身的努力来尝试它，来品味它。我们要做到这一点，就要突破心理障碍，就要有吃苦耐劳、不离不弃的精神，遇到任何问题都能够开动脑筋，认真地去对待，去思考，去面对实际，永不退缩，这样我们才能体会到苦中有乐。只要我们一心一意地精心耕耘，他日自会有好的收成。

功夫是练懂的

有了功夫，自然就会明白道理。功夫不上身，一切都是谜。总是想来想去，问来问去，这种情形下，难免会心生焦虑。遇到了这种情况怎么办？此时最需要的是静下心来，想想老师说的话、老师是怎么教的，再去用心揣摩太极拳的道理，坚定信心，然后依照老师教的道理去下功夫。

太极拳的道理是需要渐悟的，这就需要在练拳的过程中，不断地去用心揣摩，这样总有一日会拨开云雾见青天。那时，心中就会豁然开朗，心里对功夫的认识就会有通玄通妙的感觉。明白太极拳的理是一个什么样的情形？从自身感觉而言，似动犹静，开中有合，合中有开，虚实变化皆由自然而来，上下、前后、左右均无定向，抬手投足既有规矩，又不受规矩所限制，能够自然而然地合乎规矩。这也就是古人所说的“道法自然”。明白了功夫的道理，再能够朝夕练习，每练一日都会感觉有很大的进步，甚至有一日千里的感觉。

太极拳的功夫从自身来说不外乎内与外两个方面。外则为有形的肢体，内则为无形的意气。在内一气通灵，一动无有不动，节节贯串，周身无不相随，无不完整。功夫到此阶段，再回忆过去，初学的确当由一点一滴开始，处处合乎规矩才行。

每日练习，要在规矩的完整协调上多加注意。每一势有每一势的要求，要细心操练，不可心急。心中念念不忘如何松软、如何松静、如何均匀。每日细心揣摩，功夫随着时间打磨自然就会瓜熟蒂落。若心浮气躁，急于求成，就难免对要领审视得不够细致，细节就不容易落实。

要练出太极拳的功夫是不容易的。很多人自认为有了功夫，往往只是个人认为而已，不一定是太极拳的功夫。一身大力也是功夫，但这不是太极拳松软内劲的功夫。太极拳松软内劲的功夫，是与众不同的，在练功或与人搭手时，身心是无不松软、无不松静的，周身自会有一种说不出的灵感。有了这个灵感，与人推手或进或退，自然就会随人所动，随曲就伸，变化无穷。在走化或发劲时，是奇快无比的。这个快并不是主观想象的快，而是周身松开后有了清醒的灵觉之后的快。这个灵觉，它能无处不察、无处不觉。对方有了失误，随时觉察，身手自然就相应而到，并非是一身大力，扭扭捏捏，断断续续。这种大力的功夫，在遇敌时，动作不够巧妙，来得笨拙，容易两力相撞、互不相让。此时，自然就失去了变化，结果必是两败俱伤。这不是太极拳的功夫，太极拳的功夫在行拳走架时，看似松软无力，但在身体内部充满了精气神，充满了灵觉。每一转身，每一投足，是无不松软的，处处都以意气为先，不着半点拙力，思想意识无时不在照看自身。在这种状态下，自会有灵机出现。此时脚下的感觉是如临深渊、如履薄冰，感觉身外的信息无时不在与自身交换，自身筋骨肌肉几斤几两已自然清楚明白。功夫到了这个境界，思想意识就自然会有所转变，心里自会放弃一切的形式，明白内劲的功夫是看不见摸不着的、无形无象的，思想意识在此时自会领悟到、察觉到、感觉到一切。

功夫练到什么程度才能用

练功夫的人，总是希望自己的功夫早一点练成，想知道自己的功夫练到了什么程度，到了哪个阶段，什么时候才能在实际中应用。

练体固精是太极拳最基本的功夫，也就是说，太极拳是练神、练意、练气的功夫，筋骨肌肉是被动的。学好这个阶段，就会对化气的功夫有所体会。

练体固精后进而求练精化气，就是气的感觉比较充实，比较顺遂，来得比较便利，在筋骨肌肉方面，能柔软。此时的功夫，若要论劲，已是在松沉劲的阶段。功夫能有了松沉的感觉，这时周身必会有灵觉出现。有了灵觉，再有柔软，有了完整，在实际功夫上就打下了基础。功夫到了这个阶段，想找人试试，可以，但要明确试功夫的目的，是为了练好自身的功夫，进一步去了解其中的道理，了解自身功夫练到什么程度而已，并不是去跟对手较胜负。若遇见功夫弱的，你可能会占上风，但遇见功夫强的，就未必能占到便宜。与弱者相比，不要以为占到了便宜自己就很好了；如遇到强者，也不要认为自己练错了。太极拳的功夫如遇强能走能化，不被大力轻易地压垮、轻易地捉住，这需要功夫在柔软灵觉方面有一定的基础。没有这个基础，勉强去用，争强好胜，仅凭欲望想去赢人，往往徒劳费力，这是未明太极功夫之理。一旦被人打败，还以为自己练错了，就难免对自身功夫产生疑惑，很容易将以前打下的基础白白地毁掉，其实不知功夫根本就没到用的阶段。

太极拳的功夫要想去用，首先要具备听劲的能力。有了比较好的听劲功夫，无论对方强弱，都能够轻而易举地化掉对方的进攻，这时才对自己的功夫练到了什么程度有所评估。如果感觉自己的功夫遇见强敌还比较吃力，就要在盘架子中提高松柔与灵觉的质量，这样功夫慢慢自会长进。在练习时，要注意时时不要忘了松开、松沉，要时时注意意气的感觉、意气的往来，不要在大力上去下功夫。我们练拳的目的就是要摧僵化柔，使一身的僵力和拙力能够变得柔软。有了这个柔软，在与人推手中对方来力时，才能化解。自身感觉还没有这个柔软完整的功夫时，就要用心练习，不要过早去用。用得早了，对练功的心理是大有妨碍的。身心内外还不能一体松开，这时跟对方推手，往往出现的情况是：对方来力时，自身用心用意做不到柔软舒适，转化不掉对方的来力，不得已就会与对方撕扭或顶撞。在这种情形下，彼此互不相让，这就是拳论所说的“双重之病未悟尔”。要解决这个问题，就要将身手练得协调完整，在用时或走或化，身心内外不散不乱，仅凭触觉应对一切。在推手功夫方面，彼此你来我往，要能不丢不顶，跟随巧妙，这时的功夫才可谈如何运用的问题。若无此功夫，就要细心去体会功夫的道理，潜心揣摩。

说到自身的功夫，松沉最为关键。练习松沉的阶段既是离开拙力的阶段，又是长松沉劲的阶段。在松沉劲的初级阶段，最好不要与对方去论胜负。接触外人推推手，体会一下倒是可以的，不过心中对于自己的功夫到了什么阶段要有数。如果感觉内劲单薄，就要继续努力提高内劲的功力。如果能练到松沉劲的中级阶段，这时身上基本化开了拙力，内气的感觉必然充实，每一动身势开合能够随着意气的鼓荡主宰一身，感觉韧带已能拉伸、拉长。如果感觉身势曲折，在筋骨方面还有紧的现象，就要在拳架上多去下功夫。直到将身势内外练得遍体松柔，松沉的功夫就到了上层阶段，灵觉的充实性往往已无法用语言去形容。这时的功夫在应用时如能听劲，恰到好处地将人打出去已不是难事。

把握状态

初学太极拳，在练拳的过程中，感觉总是千变万化、时好时坏。今天练拳的感觉很好，常常会希望这个感觉明天继续存在。然而莫说等到明天，就算是早上感觉很好，到了晚上就可能产生很大的变化。

人们的生活是随着时间而来的，时间的变化，并非人力所能把握。昨天的好不能代替今天的好，过去的感觉只能用来总结，当下的感觉才是最重要的。

在行拳时，由起势到收势，或快或慢，都是随时间变化的。时间会带来一切，也会带走一切。对于这个时间的变化，我们要懂得如何去顺应它。你不去顺应它，往往就会产生有时感觉很好，有时感觉并不理想的问题。按理说，今天练拳有昨天的基础，感觉应该比昨天好才对，但为何有时感觉反而不如昨天？这其中的原因并不难明白。我们每天练拳，身心都会不断地产生各种变化，这些变化可能是向对的方向，也可能是向错的方向。为什么这样说？因为我们每天在追寻太极拳道理的过程中，全凭自身的感觉，我们对自身的感觉审视得往往不够细致，这样就容易误判。

我们每天打拳，只要遵循太极拳的道理，在松静的基础上，将一趟拳慢慢地、软软地行出来就行了。打拳时要站住中定，要八面都能照看得到，时时注意身法要领，身体保持松静坦然就够了。此时的身体，产生什么样的变化，是我们难以预料的。但它无论产生什么样的变化，都是正常的。我们在把握太极拳道理的基础上，依照拳理去练，身体产生什么样的变化，那是自然而然的事，不要用主观思想去把握它。若你主观上去把握它，时间一久，你的思想意识就会随着感觉而去，这就容易做出错误的判断，容易走向错误的道路。对与错往往就在一念之间。

我们练拳时，在思想方面始终要有理的存在，有理的运行。在身法变化方面总是由生到熟，由硬到软，由松沉到轻灵，由轻灵到虚无，由有形到无形。这对审视自身功夫是很要紧的。如果每天练功都去找感觉，将理抛在了脑后，就会越练越拙，越练越滞，越练越呆板，不知不觉就出了问题。这就是感觉把你引向了错误的道路。感觉与状态，无论它是什么样子，总要用理来审视它。

人的心理通常是很容易受外在环境影响而变化的。我们练拳时，要知道心为一身之主。如果你心里这个主人缺少定力，外在环境稍有变化就会影响到你的心理环境，心理往往就会随着外在的环境而去。此时的心思很容易用在了找感觉、找状态上。这样拳就会越打越别扭，不知不觉就把理的方向丢掉了。

如此说来，我们打拳时是不是就不需要理会感觉了呢？我们对理由浅入深地认识，还是少不了自身的感觉。我们的身体无论出现了什么样的感觉，都要用太极拳的道理来审视它。当我们审视后，明白了其中的道理，就要及时地将它丢掉。不然，总是背着过去的包袱，就会影响我们的进步。

我们的感觉与状态是随着练拳，时时刻刻都在发生变化的，这个变化是很微妙的。练拳时，要保持稳静祥和的心态。否则，毛毛躁躁，就不能体会到它微妙的变化。

人人本身有太极

人人本身有太极，何必向外去追求。太极拳理虽说玄妙精深，但此功夫本属每个人应有自有。不过我们每个人练习太极拳，都要不断地接受太极拳理的影响、理的净化、理的改造。此功夫非同常理，理的作用再大，也总要将它落实在身上，反复地体会，反复地体验，才能够体现出理的作用。

我们练习太极拳，首先要明白一个道理，什么是本，何为向外去求。人人都有一个肉身，在内的功能很多，虽说看不见摸不着，但它是极其微妙的。太极拳讲在内去练，在内就是在自身的意思。我们自身无非是两个方面：有形的与无形的，看得见的与看不见的，也就是太极拳常说的内与外两个方面，这都本属我们自身自然存在的。我们练习太极拳，接受太极拳理论的指导，只是让自身的功能得到有效的发挥而已。老论上说，“气宜鼓荡，神宜内敛”，这个道理明确地告诉我们，不要向外去追求。

但有些人在练习太极拳时，想了很多助力的方法。经常有人问我，练功夫，该不该借助一些外在的方法，如打木桩、打沙包、拽大绳，或在手里托起圆的重物，转来转去。这些方法都是向外去追求。还有些人嘴上不停地念叨太极拳是内家功夫，但他在练习太极拳时，却戴上了拳击手套，再找一个目标不停地击打。这种练法，只能是越练离太极拳的功夫越远。其实人自身的功能是极其强大的，若练得得法，它产生的作用与效果往往是令人想象不到的。

很多功夫爱好者，练功多年成就不大，不免困惑不已。太极拳是内家拳，不讲形式，不向外去求，但若练功多年总感美中不足，心里自然就生出各种想法：是不是练得不对，是不是需要找一些助长力气的办法？在这种情形下，产生想法也是很正常的。

太极拳是由前人有大智慧者所创，在理论方面是极其精微细致的。拳论上就说，“差之毫厘，谬之千里”。根据我多年练习太极拳的体会，这句话说得一点也不夸张。怎奈当下明师太少，也难怪大家在练习太极拳时产生各种想法。你说太极拳好，不但要能讲得出来，还要能做得出来。能讲、能做、能将功夫打得出手，也还不够，还得让求学者能够做得出来，才能够让人信服。

太极拳的功夫，本属人人自身都有的潜能，若道理讲得对，学者能够听得懂，在功夫上就应该立竿见影。不过每个人的身体基础不同，虽说能够立竿见影，但产生的功夫大小不等。要找到明师学到此理，假以时日，方可体会到太极拳的真谛。

师傅引进门，修行在个人

俗话说，“师傅引进门，修行在个人”。学习太极拳，老师如何给学生引路是很重要的。因为老师的每一句话，学生都要记在心里。老师的一举一动，一言一行，对学生都会有所影响。老师在教学生时，要从各方面负起责任来，在传授太极拳道理时，应小心谨慎，不以个人主观为能。学生在跟老师学拳时，他的心里依赖的就是老师。太极拳的道理深细无比，这就要求老师在给学生讲道理时要严格谨慎，绝不可越理争胜，将太极拳道理说得神神秘秘，突显个人的才能。

太极拳的道理虽说深奥，但老师给学生引路时，当从一点一滴开始，循序渐进。这样，学生在学习的每一个阶段，在道理和方法两个方面，都能清楚地掌握。太极拳的道理，从根本上说，是朴实无华的，老师如能将学生引到这个道理中来，对于学生日后掌握太极拳的真功夫是大有帮助的。太极拳的道理与各家文化本是相通的，初学者还体会不到这一点，这就要由老师一步一步地慢慢传授。

在学习太极拳的过程中，师生要相处得融洽，老师用心去教，学生用心去学，师生心灵相通，教与学就可以达到更好的效果。老师是引路人，学生跟随老师学到道理及方法后，要用心刻苦修炼。在修炼的过程中，问题与困难很多。我们每个人在人生的道路上，就是在修炼，能将自身修行到一个什么程度，这全在个人的努力。学生在修炼自身时，要本着老师所教的太极拳道理去修、去练。

每个练习者都是一位继承者。如何才能将太极拳练好，这是每个继承者当用心思考的。个人要发心发愿，立志将太极拳练好，不能仅凭老师去督促。太极拳虽好，但要靠个人努力方可得到功夫。在练习的过程中，要虚下心来，用心揣摩其中的道理。作为继承者，要用心去学，用心去练，用心去悟，用心去体会太极拳与生活的关系，这与一个人的实际修养是密不可分的。要练好太极拳，需要多方面的努力。不但要在拳上努力下功夫，还要懂得尊师重道，并要不断地提高个人的修养。太极拳是文武兼修的，这就要求继承者有极高的品质，为人处事，要超出常人。内家功夫非同常理，继承此道者，要有勇有谋，在下功夫修其自身上，要有耐心，不能因有困难就退缩。要有超常的耐力，方可通过练习太极拳体会到人生之乐趣。

学习太极拳的三个阶段

我在学拳时，老师曾讲过，练习太极拳可分为三个阶段：先学技术，由技术进入艺术，由艺术入道。

先说技术。就是要做到一趟拳能控制一身，能管住一身，能将一趟拳的姿势动作、思想意识协调于一身，思想意识在内能够将一身掤起来，使其不散不乱，又不僵滞。如一趟拳打下来，一身零零散散、漂浮不定，这是自身功夫在思想方面还管不住自己，还不能在松静的基础上把周身统一起来。若能将周身练得完整，上下通达，周身一家，便是对拳理有所认识。如做不到这一点，还要依照规矩努力下功夫，直到能将上下、前后、左右练得圆满，不见形式，在转身换步时，能够站住中定，主宰于腰，能以腰练拳，用腰来主宰一身，带动四肢完成姿势动作。一趟拳打下来，一能够周身协调，二能够饱满无缺，三能够松静自如，四能够柔软完整，五能够精神内固，六能够绵绵不断，上中下三盘能够统一协调一致，便可达艺术阶段。

再说艺术。有了前面的基础，进一步地由老师口传面授，进行更为深入的练习。当行拳时能够做到心中坦然，周身无不松软，心里就能闲得下来。这个闲，并非消极怠工，而是不能向外鼓劲的意思。此时通过身体的演练，能在一趟拳中将太极拳的道理通过形体姿势表现出来。这个阶段可以说是形体的艺术阶段。松柔是这个阶段的纲领。在一趟拳的行功走架中，身体与心理无一处不在表现着柔软。这个阶段就是用柔软来表达一切，来说明一切。也就是说，太极拳在这个阶段是柔软的艺术，是用肢体的柔软来说话，呈现出的是人格和修养。总之，要能将周身功夫练得毫无缺陷，圆满无缺，一切外在统统能收敛于内。此时的精神与气势能够大义凛然、庄重高雅，一举一动能静如处子，在柔劲方面能无处不在，在行拳松柔的静态中，如入无人之境，已达到松柔的精神境界，此时就有了入道的基础。

最后说入道。我的老师曾说过，入道可以通过多种方式，如通过学医、写字、绘画等，我们是通过练拳这种方式来入道。入道之后，在行拳时，似动犹静，似有似无，或开或合已无定法，虚实转换不求已能自在，在内能够庄重于一身，在外之形式每一动无不合乎理法，一动无有不动，已不拘于方向，劲从哪里来，到哪里去，已无起点，已无终点，举动轻灵无比。练习太极拳者入道后，功夫便进入了无止境的虚无境界。

腰的重要性

练习太极拳要主宰于腰，这是老论上的话。我学拳时，老师一再强调要以腰练拳，不会用腰练拳，就等于不会太极拳。

腰对于每个练拳者来说都是很重要的，不过每个人对主宰于腰的理解和腰在推手中的作用，都有不同的看法。下面根据我个人对用腰的理解和认识，来谈一谈怎样落实腰的作用。

腰的位置在人体的中部，下有胯、两腿、两脚，上有胸背、两肩、两臂和头。在练拳的过程中，腰的任务是统领周身，同时又起到上下连接的作用。在转身时，身法要在中正的基础上，松腰坐胯（也叫沉胯）。拳谱上说“刻刻留意在腰间”，也就是说，我们在练拳时思想意识要时时照看着腰。思想意识照看的具体位置，就在后腰命门穴处的一巴掌范围内。我在教学时，会将手放在学生的命门穴处做示范。这个位置始终是要想着的，不能离开。在实际练拳时，照看的位置不是绝对的，或上或下一点，这全凭个人的感觉。思想意识照看腰的同时，还要照满周身。

在转身完成动作时，总要松腰坐胯，尾闾骨要向下松沉着，因为尾闾是管着胯的。从腰这里向上，脊梁要竖起来，直到头心，同时两臂要掤圆。此时要紧的是，要将头提起来、领起来、顶起来，再将腰以上的脊梁竖起来。身体是上下对拉开的，这个开，就是从腰这里上下分开。此时腰上的感觉是灵活的，是松松的。在这个基础上，腰才产生了轴心的作用。不过在转腰时，要注意这个“转”字，是转腰，而不是扭腰。若你一扭，整个身体就散了，就扭住了。就像一条毛巾浸了水，要把它扭干，那么一扭，就错了。在用腰时，腰上的转动，上下是顺遂的，是贯串的，四肢在跟随腰运动时，是协调的，一切的动作都是腰来主宰的。腰主宰着身法，丹田则是主内的。在体会用腰时，不仅仅是要松，还要体会腰上的灵觉，腰上的饱满。腰上的功夫在每一动时，是完整的，是圆满无缺的。此时整个的腰脊从腰这里是无时不在屈伸的。要体会整个脊背在腰的统领下，无时不是有伸、有曲、有弹性的。如背上没有松软，没有弹性，腰的作用就不大了。竖脊并不是说像一根棍子一样竖起来。竖脊的意思，就是整个的腰脊要充满着意识，这样长此以往，腰脊与后背就会有气充实的感觉。

要让腰上的劲日渐充实，就要注意到尾闾骨始终是沉着的，这样丹田气方能自然地沉下来。丹田是否能沉得下来，跟腰是有直接关系的。

什么是气沉丹田？就是丹田要松静，要自然而然。这个自然也不是随随便便的，是要有思想意识照看它的。这个照看不是死死地去想着它，更不是去想象它如何地转动和翻滚，因为这样就违背了它的生理规律，对于长功夫也是大有妨碍的。丹田只有在极其松静自然的基础上，才能发挥它的作用。正如拳论中所说“刻刻留意在腰间，腹内松静气腾然”。

丹田与脊梁是什么关系？丹田在内就好似一个池塘，里面充满了水。腰和脊梁就像长在池塘里的一株植物，它在成长过程中的一切营养，都是由这个池塘源源不断地供给的。腰与丹田两者之间是相辅相成、不可分开的。在身法上，可以说一身都是腰，无处不在体会腰的作用，在内也可以说无处不是丹田。太极拳的内劲是由腰脊发出来的，主要是来自丹田。丹田如何充实，如何饱满，都要由腰来发挥它的作用。

在完成一趟拳时，无时无刻都要注意腰上的感觉和变化。虽说刻刻留意在腰，但不可以死死地去想着它。腰上是极其灵活的，死死想着它是不行的，但乱扭乱动也同样是不可以的。在转腰时要注意，要找到腰的轴心运动的感觉，注意转腰是整个脊梁的转动，其主宰就是腰上的那一点，在转时多去体会。稍不留神，在转腰时就很容易注意到腰的左右两翼，这不是太极拳讲的腰。只有用腰正确了，劲才能够发于腰脊，使于周身。对腰有了正确的认识后，还需要个人在实际中用心去体会和落实。

大松大软

大松大软，乃属精神境界之领域，是李雅轩师爷的经典论述。我学拳时老师很注重大松大软这个理念。

要练习大松大软的功夫，首先要打下一个良好的基础。初学拳时，要将一趟拳的规矩理法掌握，之后反复练习，熟练到了极点，就对太极拳放松的道理有了一定的认识，在懂劲方面也就有了一定的基础。具备以上基本条件，方可对大松大软的思想意识逐步有所认识。

松软并非仅仅是指外在形式、筋骨肌肉的松软，其要领主要在心里。如果我们只认识到如何放松，还是远远不够的。练拳时不但要松软，还要大松大软。这个“大”是没有形式的意思，要让一个人的内心思想减少形式，逐步去掉形式，就一定要体会内心如何放下，如何能大空虚，如何能大丢大舍。有此思想，在行拳时对大松大软的道理自会有所体会。这里所说的松，不是一般的松，只有能舍得去丢，舍得放下，方可在松软方面体会到意想不到的感觉和味道。就我个人的体会而言，此时感觉思想已完全不在外面，在内有无比庞大的空间，这个空间是虚虚的，是空空的。能得此感觉，完全是由逐步放松而产生的。此时方知太极拳内劲的功夫完全不在形式。能够丢开一切拙力，放下一切外在的追求，在内自会产生无比充实的灵感。虚无的气势是笼罩周身的，是由内到外的，是自然而然形成的。对松软道理认识上稍有偏差，就绝不会有此感觉。

一般来说，练功的人离不开追求功夫的思想，这个思想放不下丢不开，就一辈子也松不好，松不纯粹。因为你总想着功夫，思想就会有所求，有所求就是向外、就是形式。虚无是太极功夫的最高境界。如果我们不能将求的思想逐步淡化，就不可能登上虚无这个阶梯。太极拳放松这个法门，是个很好的方法，我们用心去研究它、体会它，就自会感觉到其中的奥妙，对大松大软就不难理解。

我们练功夫的人，总想达到一个较高的境界。要练出质量较高的功夫，就要认识到两个方面的问题：一是人的拙力是有限的，二是松柔之劲是无止境的。练习太极拳，就是要通过放松，化掉自身的拙力、硬力、僵力，通过放松，让力由硬到软，由软到柔，由柔到虚，去掉旧的拙力换成柔劲。这个柔，还不仅仅是柔，还要在内有虚灵的气势。这个虚、这个灵，就能够让我们的功夫走向更高的境界。要得此功夫，就要在理论方面，能够有超凡脱俗的认识，能够不在常理中去认识功夫的道理，完全超越常识之外。

一个人的思想若能不被常识所限制，此时练出的功夫一定会超出常人的想象，在实际功夫方面，对方的力量再大，也不难化掉。要得到这个功夫，就一定要对大松大软的道理有深刻的领悟。

学习太极拳的年龄段

太极拳是一项非常好的运动，练习太极拳既可以陶冶人的情操，又能够疗养各种疾病，在防未病方面也有独特的效果。不同年龄段的人练习太极拳都可以从中获得很好的锻炼效果。

少年儿童习练太极拳，可以增长智慧，强健身体。若练得得法，功夫成长的道路长远，其成就是不可估量的。从少年时练起，能使一个顽皮的孩子在心理方面稳定下来，在形体方面变得端庄，举止高雅，能使外向的孩子慢慢地收敛，能使内向的孩子精神焕发，增加活力。

青年人习练太极拳，好处也很多，既可以增长学识，又可以提高修养，还可以提高工作方面的能力，处事更加稳重机智。对于好勇斗狠者，太极拳可让他外现的精神逐渐地含藏于内，使其能增加内在的庄重。这个年龄段是学习太极拳比较好的时间，如遇明师，可在功夫方面取得一定的成绩。

中年人习练太极拳，是很有必要的。一个人步入中年之后，家庭与生活、工作与社会，各方面的压力很大。太极拳的放松无疑可以帮助缓解各方面的压力。练习太极拳对中年人身心各方面都会有很好的锻炼效果，尤其是可以增强脑力，让思维更活跃、更敏捷，还能够避免很多疾病的发生。中年人压力比较大，身体机能已不比年轻人，这时习拳理、练拳法可以内外双修，促进身心健康。若练得合理，在获得良好的健身效果的同时，功夫上也是可以取得好成绩的。

步入花甲之年的老年人习练太极拳，是否还能出成绩呢？不夸张地说，完全可以。现代社会无论是物质生活还是医疗条件，与过去相比都有了极大的进步，六十多岁这个年龄段的人身体强健者很多。这个年龄段的人习练太极拳，在获得很好的健身效果的同时，还可以丰富自己的生活。喜欢功夫的话，如果能够合理地管理时间，是完全可以取得成绩的。不过这要具备两个条件：一要有明师，二要有悟性。这个年龄段的人已退休，时间还是比较充足的，如能与太极拳结缘，应该是晚年的福气。在过去的时间里，无论你怎样辉煌，该放下时且放下。不同年龄有不同年龄的生活，这个年龄段的人应该把健康放在首位。若能每天钻研太极拳的道理，再有明师不断地指点，就可打下良好的基础。每天适当投入时间，坚持练习，两三年就能将身势练得柔软，并在柔软中取得完整。在太极拳道理的各方面都能够有所认识，不走错误的道路。在拳的功夫上有了一定的成绩后，就可在推手方面进一步地去学习和体会。不间断地用心钻研，一年半载就能打下基础。要在拳和推手两个方面反复地去体会，反复地去检验，逐步提高对太极拳理念的认识。经过一段时间的练习，在思想精神和身体健康方面会获得意想不到的收获，深刻体会到太极拳的好处。

老年人习练太极拳，如能有正确的指导，对老年人身体各方面是大有帮助的。尤其是太极拳放松沉着的理念，对老年人气血、脏腑方面的锻炼是很有用的。有些老年人身体不是很好，行动不便，这时练习可采取多种方式：一可以架子收小一些，二可以多站桩，三可以多静坐。

除了以上按照年龄段划分之外，还有一个特殊的人群，这个人群就是仰慕中华武术已久的功夫爱好者。这些人中，有的练功时间已有十几年乃至几十年，他们都有丰富的习武经验，在功夫上有一定造诣的人也大有人在。因为他们在功夫方面已有一定的基础，若能接受太极拳的理论、方法，就更容易取得成绩。很多人缺少练功夫的严格性，守规矩的程度不够，功夫练到了什么程度也不清楚。这些人有经验、有基础，但可能缺少内在的细致性和完整性。若能遇到良师益友，稍加指点，在理的方面受到正确的影响，自身原来的功夫就能得到很大的提高。有些人练了几十年的功夫，难免会有些自满和自负，不容易虚心向人请教。其实这是一个面子的问题。我们要知道面子是最无益的，人的一生往往就因为碍于面子，错失很多机会。如能放下面子，接受真理，则会受益终生。平时与同道交往甚是重要，遇到修养好的朋友，可能一句话就能给自己带来福气。在功夫的道路上能遇到这样的朋友，对自己的帮助很大。

杨氏太极拳的风格

杨氏太极拳的行功走架松沉大雅、气势磅礴，精神在内充实饱满、沉着内敛，动作舒展而厚重。在身法上，立身中正，八面支撑，内心无不松静，虚无之气势无不充实。动作均匀而轻灵，绵绵不断，犹如长江大河滔滔不绝，气势恢宏。抬腿投足，脚下如履薄冰、如临深渊，好似猫行虎步，脚步轻灵而不漂浮。在上之劲，头容正直，精神贯注于顶，好似能顶起千斤之重。在腰上，转动自如，塌胯之劲沉重，两腿松沉之功充实。脚下稳固，生生不息。尾闾中正，力由脊发，贯注于顶。两臂松沉好似铁锁一般，但并不笨重，软弹之劲充实而便利。在神形气势上，丹田松静，主宰一身，拳意无处不在。意动形随，无处不松软，无处不稳静，上下相随，无丝毫散乱。在内之劲节节贯串，无不完整，在外身法无不顺遂协调。每一举一动总以神气在内主宰一身，气势鼓荡，开合有序。运劲如抽丝，绵绵不断。

与人搭手，或定或走，能跟随自如，不丢不顶。在化劲时干脆利落，发劲时冷然一抖，无不奏效。

均匀与细致是杨氏太极拳尤为明显之特点。在行拳时，柔静之情形，安然无比，静如止水，反观听内，察觉自身，意识无时不专注于内，脑力清醒，心地虚空，灵觉饱满通达一身。外示安逸，内固精神。内劲功夫静如山岳，动如江河。周身内外，在运动时一切无不主宰于腰。

杨氏太极拳历代名家，拳架风格各不相同，内劲功夫，各有独特的风采。历代传承者功夫上有成就者大有人在，留下很多传奇故事，各自对内劲功夫虽说有不同的看法，表达不同，但理为一贯。太极拳能享誉国内外，杨家几代人功不可没。今日太极拳能有如此高的地位，全凭前人高超的武技，在德行方面，更是给后人留下了榜样。正是由于他们辛勤的付出，太极拳完整的体系才能得以继承和发展。

身 法

“太极本是求身法”，这是我在学拳时老师再三强调的。现在回想起来，结合我多年练习太极拳的体会，老一辈说的话没错，这其中是包含着深刻的道理。

从人体各部位习惯用力的方向来说，头的用力在生理上常常是向上的，脊梁也是向上的；尾闾是向下的，胯以下两腿、两足也是向下的；腰是中盘，是轴心。明白了上、中、下这个道理，就要知道上、中、下各有不同分工。向上、向下就是将身势对拉拔长，由腰上下连接，这样在运动时就要注意上下相随。上、中、下彼此呼应，方可做到互相随应。

在行拳过程中，身法不断地变化，以腰为主，四肢相随。动作或开或合，身体各部关节都要各到其所、各占其位。比如搂膝拗步单手前按时，肩要向下松沉，若不注意，肩上向前稍微一探，就离开了它原来的位置，这样内劲就断了。肘部沉下去依然如此。身体各部关节都要在它的位置上松开沉下去，适当地掤起来。塌胯虽然重要，塌过了就“死”了。肩、胯是对应的，两胯下沉，两肩必然要随着两胯沉下去。两膝、两肘一屈一沉，踝关节与腕关节同时松开，将拳意达于梢节。头容正直，尾闾中正神贯顶，脊梁上的劲要向上去，含胸必然拔背，拔背必然含胸。

一招一式，都是由身法演练变化而成，要注意的是，要用腰将周身统领起来。在行拳的过程中，身法自会不断地变化。在这个变化过程中要注意：一要由腰来统领全身，在腰的带动下，完成每个动作；二要切实注意贯串，在内要一动无有不动，同时神意要内敛，内外要协调一致，上下要相随。要做到上下相随，就要由上至下沉下去，这样脚上的劲自然就会由脚而腿，而腰，而手，这是在练拳时必须要落实的。

在太极拳的练习中，要不断提高对身法的认识。功夫无论练到哪一天，都离不开身法的变化。要充分重视身法的作用，在身法上多去下功夫体会，不断提高。对于身法，我在不同的文章中，反复强调过，希望学者重视。

桩　功

一、无极桩

两脚分开，与肩同宽，自然站立。身心立稳，头容正直，拳意要虚虚将头领起，脊梁竖起，腰间松开，两胯与尾闾下沉，大腿、小腿、两脚松开，感觉两脚要与地面相接相通。两肩要松沉，两肘也要沉坠，腕关节松开，五指舒拢，腋下要虚一些，不要夹紧。胸部略松略含，背部要圆满一些。总之，周身要一体松开，以自然为好。这是站桩前的准备工作。

在以上基本要领的基础上，两胯微微下坐，两腿松开，两膝略松。要注意膝部的动作不要太大，膝部的动作大于胯上，胯就沉不下去了。这里要特别注意，以沉胯为主，膝上要被动一些，再将足部关节松开，下肢的情形大致就是这样。上要顶头，但不可以把头定在一个高度上，头要时时有上顶之势。脊梁松开，脊梁向上的意识不能断了，所谓“尾闾中正神贯顶，满身轻利顶头悬”，这个规矩和行拳时的要求是一样的。在身法上要中正，要全方位地有掤起来的意思。能够做到上提下沉，腰上自然就开了，腰上有活动的感觉。感觉身腰转动很便利，就说明在沉胯顶头方面有了基础。在这个基础上周身自会拉开沉下去。在实际站桩时，两脚间的距离也可以宽一些，身心内外规矩要领，跟拳架的预备式没什么两样。

这里值得注意的是，站桩时身体会不断地产生变化，从 1 分钟到 10 分钟，从 10 分钟再到 60 分钟，在这个过程里产生的变化是我们事先预料不到的。每个人每天站桩时间长短不一，身体的感觉也各自不同。对于这些感觉与变化，不可以主观思想来限制它。站桩的目的就是要出实际功夫。功夫的产生，关键就是身心内外一致地松开。怎样去理解和做到这个松？打个比方，一杯热水，放在那里时间久了自然就会凉了。站桩也是这个道理，不可强求，思想意识只是笼罩周身，令其松开就是了。站桩时，仅仅是这个人能站得住还不行，关键是我们的心里要能站得住。只有我们的心里能不急不躁了，才算是在内有了基本的定力。随着每天的付出，无论在身势之内，还是身势之外，不断地产生变化，由实慢慢地就会变虚。这个虚是身体松开后意气的表象，内劲也就会逐渐地充实。若站桩时心烦意乱，耐不住性子，想站又站不下去，这时就不要给自己留后路。犹犹豫豫、意志不坚定、心里沉静不下来，这就是给自己留了后路。我们站桩时就是要截断自己的后路，只有心里没了退路，方能体会出心死则神活的道理。心神不定，将信将疑，这是练功夫者的一大忌。

桩功很重要，初学太极拳应多练站桩，这样容易放松、长内劲。当有了一定的基础后，可将两臂在胸前松松掤起，此时的拳意仍要照看周身，上要顶头竖脊，下要松腰沉胯，要刻刻留意在腰，要在这个身法的要领上去下功夫，至于两臂在胸前松松掤起沉下，有掤开之意就行了，要时时注意心里的松开，心松则一身自松。在无极桩上有了一定的基础，可以进一步地去练习虚实桩。

二、虚实桩

虚实桩从形式上看与无极桩有所不同。在实际站桩时，是将重心坐在一条腿上，虚腿在前松松沉下。心里不要“拿着”，在感觉中，虚中还要有实。身法的要领，在上应将头领起，脊梁要竖起；在下要松腰沉胯，大腿、小腿、两脚都要松开。在脚下与地面相挨时，应注意时时松开，不可想象两脚入地三尺，如有此想法就会将脚上的劲限制住了。两脚实际松开后，自会感觉与地面相通相接，这是自然而然的事。每在站桩时心要稳下来、静下来，拳意时时都要注意腰上的感觉，同时周身内外一体松开。站桩过程中，两腿虚实可在一定的时间内左右变换。两手、两臂松松掤起于胸前松开沉下。从自身而言，心里松开后，在内意气自会有鼓荡之感觉。这个感觉不要勉强去找、去做，这是桩功有了基础后自然而然达到的。我们每在站桩时拳意要照看周身，要注意到身法各个方面的要领。虚实桩是一条腿承担身体重量，这就要求我们在站桩上进一步去体会腰腿的功夫以及周身松开后完整的情形。虚实桩与无极桩虽说形式有所不同，但理为一贯。

站桩与打拳在出功夫方面有什么不同呢？举个例子说：我们盛满了两筐松软软的土，用手去摇晃其中的一筐，这筐土会不断地沉下来，这就是我们打拳得到功夫的情形。而另一筐土放在那里，不去摇晃它，时间久了，它也自然会沉下来，这就是站桩得到功夫的情形。站桩与打拳，虽说形式有所不同，但最终得到的内劲功夫是相同的，这需要每个人在练习中去悟、去体会。

推　手

定步单推手的基本动作

初学推手，大体可分为两种：一是想学推手还未曾接触；二是已接触并练习过推手，但对其中道理含糊不清，这都谓之初学。

推手不同于个人练拳，学习推手，首先要掌握推手的道理与方法。太极拳讲劲，讲劲与力的关系。所谓力，就是一般做体力劳动所表现出的力量。太极拳的劲，则有明劲、暗劲之说。初学推手就是在明劲这个阶段，对暗劲的理解与掌握是以后的事。劲与力有什么不同？所谓的劲就是我们在练太极拳时松开后产生的柔劲。两人推手就是在个人练拳的基础上，进一步地去体会劲的作用。

两人在练习推手的过程中，还尚未接触就要做好准备。心里放松，周身都要进入松静祥和的状态中。双方两眼要彼此注意着，同时双方出右腿，迈右脚，抬右臂，出右手，各自向前迈一步。彼此距离为前脚尖近于对方的前脚跟。膝关节略屈，松腰坐胯，脊梁及背部略舒展。头部正直，肩、肘、腕略松略沉，臂部成弧形，肘部要下沉低于肩。双方以右手的腕部作为接触点。左臂在下自然松垂，身势重心略靠前。

接着，我方腕部略转略坐，掌心向前，同时松腰坐胯，两腿渐渐成弓箭步向前推、按，目标方向为对方胸部。与此同时，对方腕部略转，手心向内，臂部应是弧形掤起，向回坐身转化。我方按劲不成被化掉，掌心翻转向内成弧形，同时对方腕部翻转掌心向前，松腰坐胯，两腿渐渐成弓箭步向我方推按，目标方向为我方胸部。我方手臂弧形掤起向回坐身转化。这一来一往便是一圈。在练习中可左右转换，在这个基础上将动作练熟。熟悉动作的同时也是在演练、熟悉身法。在上之两臂互相来往基本以弧形为主，在进退时如对方主动进攻按来，我方转腰坐身，这个转即是退，这个要领要慢慢地去体会，不可心急。在练时还要体会手臂掤起向回化时，手上的动作要与腰身的转化配合一处，彼此都要在这方面去注意。同时在意识上不要忘了松柔走化。希望练习者早一天化掉明劲走向暗劲。

定步单推手的基本要领

经过一段时间的定步单推手的练习，动作基本熟练，大小关节也练得比较灵活，在腰上意识也有了感觉，就可以进行下一步的学习。

太极推手要以腰为转动轴心。在转腰化对方劲时，两臂要松掤下沉，胸背向回转时要含胸拔背，松腰坐胯，两腿、两脚松软，前后移动，脚下虚实要有变化；精神在内，心中松开沉下。

推手时还要注意，腰身、脊梁要松开，两胯坐下直至两腿、两脚。由上至下，大小关节以腰为主，随屈就伸，在推按转化过程中以不间断为好。通过反复练习，将动作及道理烂熟于胸，功夫自会产生。

推手中，身势、重心前后转动变化时，心中要有中正。双方在接触点上都要有听的意思。这里的听，就是用心意去在接触点上感知对方的变化即听劲。你推我化，我推你化，都要随着对方的劲黏着走。黏就是不离开的意思。此阶段以何种情形作为标准呢？打个比方来说，双方在你推我化，我推你化的过程中，彼此接触的两臂就好似软软的树枝，是有一定弹性的，任你向哪个方向去推、去拨，都能柔软地随着你，挨着你，不离开你。当你向前推按时，对方任你推按，柔软至极，同时向回转化，又有着向外弹起的劲。就像我们用两手将一根软软的树枝卷成半圆形，它既有向里合的劲，同时又有向外开的劲。推手时，双方接触的手臂，就是这样的情形。这个道理要在推手中不断地去体会与落实。

定步双推手的基本动作

双推手比较复杂，要在单推手的基础上更进一步地延伸练习。双推手俗称“四正推手”，其中内容是掤、捋、挤、按四手。挤和按为进攻之手，掤和捋为向回转化之手，这四手合称“四正”。打手歌云“掤、捋、挤、按须认真”，意思是说掤、捋、挤、按在推手中尤为重要，须认真落实。我们要在学习与练习中将这四手的道理明确，同时掌握方法。

甲、乙双方练习中还未搭手时，身心先要做好准备工作，要一身松静，内心沉着。双方出右腿，迈右脚，各自向前一步，前脚脚尖近于对方的前脚跟，后脚尖略打开向外约 45° 。同时甲乙双方抬右臂，坠右肘，臂部呈弧形，腕部相接相黏，掌法为立掌。在身法上各自都要中正，注意腰间，脊梁竖起，头容正直，松腰沉胯，直至两腿及脚下都要松开。这是双方在未动之前应注意的要领。

在这个要领的基础上，甲方右肘松开，下沉转动前臂，使右掌掌心翻转向前；同时松左肩坠左肘，左手抬起后掌心向前按于乙方右前臂之上。此时的情形是：甲方两臂沉下，两掌心向前按于乙方右前臂；而乙方则转动右前臂，掌心向内右臂弧形掤起松开。同时乙方右臂掤起甲方双掌。

甲方松腰坐胯，两臂、两掌缓缓前行，方向及目标为乙方的胸部。脚下前脚渐实，后脚渐虚，成弓步。当甲方渐渐接近乙方时，乙方松左肩，坠左肘，抬左手黏于甲方右前臂之外侧，双方形成了三个接触点。甲方双掌继续前按，乙方向右转化，化开甲方双掌按劲。甲方见按劲不成，右臂略松略沉，转动小臂，掌心向内呈弧形，以右小臂外侧作为接触点向乙方胸部挤去。同时，甲方抬左手按于右臂腕部内侧，双臂、双掌合为一处向乙方挤去。乙方见甲挤来，转换两臂、两掌搭于甲方臂部向左转化。甲挤劲未成转动两臂，左手掤起，乙方双掌按于甲方左前臂之外侧，松腰沉胯，虚实跟进，双掌缓缓按进。甲方以同样的方式向回、向左转化，乙方见按劲不成转动两臂向甲方挤来，甲方以同样的方式向右转化。双方彼此一来一往算是一圈。

两人将动作练熟，可逐步掌握其中之道理。“四正推手”是很复杂的，要有老师口传面授，方能掌握掤、捋、挤、按各方面的要领。此处的文字只能述其大概，供学者参考。

定步双推手的基本要领

定步双推手的要领极为细致，其内容有掤、捋、挤、按、前进、后退、顾、盼等。双方在练习时都要注意慢慢落实这些要领。如何为按，如何为挤，两臂要如何松松掤起，接触点要如何黏与听，在坐身捋化时要如何转腰，胸部要如何含蓄……这些要领要在反复的练习中细细地去体会。

推手中，在前按时须立身中正，心意在内松松沉下。拳意要注意腰间，胯要松沉，两腿松开，直至脚下，两脚要松软稳固。脊梁要竖起直至头顶，即所谓“尾闾中正神贯顶”。肩肘要松要沉，两臂拳意在内由两肩行于手指，腕部自然松垂微坐。当对方按来时，我方在化时要一身松软，以腰为轴，臂部要掤得圆满，要含胸拔背。双方眼神都需互相注意，接触点上都要听劲。按和挤这两手要做得连贯，不可断续。在化对方的按与挤时，无论向左向右都需松腰坐胯，转腰退身，退身转腰，多去体会其中的感觉。你来我走，我去你化，不要间断。还要注意，周身大小关节都要柔软一致，随腰身或前或后，或左或右，尽量做到不散不乱。

初练推手对于听劲模糊不清，双方只是随着感觉互相跟随，时间久了，听劲的感觉自会日渐增强。在练习中要注意，心中不可有胜负之念，只是练习推手功夫各方面的要领以及身法。对掤、捋、挤、按须认真体会方可掌握其中之道理。在实际的练习过程中，彼此要注意互相迁就。比如，按的时候力量要适度。如果你按得太重，对方就不容易化得开，情急之下就难免向外拨与架，身法必散乱。如果你按得太轻了也不行，要松松地给对方一点松沉的感觉。双方就这样，互相迁就着练，方能有好的效果。推手练习中争强好胜是无意义的，要用心体会其中的味道。

以上所述要领基本落实之后，便可进一步地进行沾黏连随方面的练习。这时，接触点上要刻刻留心听劲，双方在接触点上要互相跟与随，在内精气神要完整坦然，沉着于一身。两人在接触时，两臂、两手以及周身的完整之内劲，犹如捕鱼之网，在你进我退的虚实变化中，提高沾黏走化的质量。

推手练习要守住规矩

经过单推手和双推手的练习，推手的动作和要领都比较熟练之后，则须进一步在推手中提高对内劲的认识，并在练习中提高内劲的质量。这个过程中，要注意不同阶段有不同的要求，不能急于求成。

初练时要守住规矩，认认真真，方方正正，这个阶段的练习是有明劲的，是有方向、有棱有角的，是有形式的。推手中，守住规矩练习很重要，不能没有规矩地胡拨乱顶。但规矩也不能死守，熟练到一定程度，就要脱规矩。在明劲阶段，要守住规矩。等到暗劲慢慢产生，慢慢也就脱规矩了。脱规矩也并非是没有规矩，而是这时能够做到规矩不守自守。

怎样才能由明劲到暗劲？这就需要化劲的练习。在守着规矩练习推手的过程中，要明确一个道理，就是如何练出化劲来。化劲在太极推手中是第一要领，要通过松柔走化的练习，才能从明劲转为暗劲。想要由明到暗，还得从自身松静上去体会。在推手中如能时时不忘松静与沉着，内劲就自会增长。在内劲的要领上，意气在内主宰一身，精神在上贯注于顶，神、意、气同时在内，有动有静，鼓荡不停，虚实变化自在其中。到此阶段，两人在练习推手中已能运用自身之劲沾黏于对方，同时对对方的照看已能做到时时不忘。推手是两个人的事，既要照看自己又要照看对方，才能渐渐做到不即不离，阴阳相济。如有此感觉，即是对懂劲已有所认识。

每日练习推手，你来我往，我去你化，在接触点上通过听劲彼此跟随。要注意的是去手前按时，既是按又是随，对方向回走化时接触点上要适当掤起。当对方按来时要能吃得住，借他的劲，化他的劲，不可丢掉对方。这个道理与感觉，在推手中要不断地去体会，否则就练不出相济之劲。我们要将拳上练出的功夫运用到推手中来，反过来，练习推手也可以帮助我们进一步提高对拳的认识。推手中，要能通过沾黏的手法与对方融为一体，像和稀泥一样彼此不分离，无论走到哪里，都能听劲到哪里，跟随沾黏到达哪里。

要将沾黏连随的功夫练到一定的火候，就要在定步推手上下功夫。太极拳推手的道理都要在定步推手上去落实。这步功夫在练习时不可草率心急。要在心里练出一定的耐力，同时在腰腿上也要练出耐力及弹性，在脚上要“生根”。根力要练得充实，要将两脚练到深处，不能换步子太勤了，否则脚上的根力练不出来。两脚感觉好似松软软地黏在地面上，与地面接通，再通过一段时间的练习，脚下有了轻灵的感觉。一举一动脚上的感觉就能随机而动，这样对随屈就伸就有了体会。能守着规矩去练，自会将周身练得又松又沉，腿上又有弹性。这样在松沉劲方面就有了一定的基础。如果根力不生，脚下不灵，就去练习活步，就是急于求成。

推手练习如何脱规矩（一）

前面的推手练习已能守住规矩，在规矩的基础上，通过松柔走化、沾黏连随等方法及道理将各方面的要领落实，以后的练习就是如何脱规矩，去掉形式，由明劲走向暗劲。

如何认识和理解暗劲？从个人行功走架、立身中正、八面支撑的道理上说，太极拳内劲的功夫是没有方向，无定法的。在推手中似黏非黏、似挨非挨，内心要极为松静，灵觉充满周身，上、下、前、后、左、右均无定向。要站住中定，两眼虚虚地与对方相接，处处都要听着劲。每一举一动心中要沉着与稳静，或进或退，或跟或随都要掌握分寸，多了不行少了不行。在走化时，要一身柔软，以腰为轴。胸部要有含化，胸部的含化与腰上的转要协调一致，精神要提得起。胯是底盘，要松腰沉胯，两腿要松软有弹性，脚下不可有呆象，既要有根，还要灵活，不可画地为牢，随时都有进与退的准备。每一动要随屈就伸，由下至上一气贯串。接触点上听劲要灵，周身要极为完整。以上这些要领都能做得恰到好处，意气在内可一触即发。

此阶段的推手化与发是没有定法的，在练习中要以练习化劲为主，化劲是无止境的。有好的化劲，才有好的发劲。发劲要在化劲的基础上，才能充分地将自身的内劲发出去。我们在练习化劲时，怎样去衡量化劲的标准以及练到了什么程度？如与人推手，对方的力量较大也很灵活，你在走化时处处都不得力，感到被动，这就是他的力作用到了你的身上，你就是被他的大力捉住了，这就说明你在化劲功夫上练得还不够。

我们在练习化劲时要潜心去练而不可急躁。功夫与道理都能烂熟于胸，这样遇到力量大的对手时，可以让他处处摸不到实处。对方无论推到哪里，按到哪里都是圆满的、毫无缺陷的，处处让他荡空，并可借他的力将他打出去。在这种情况下，切不可心急，心中要时时注意沉着。有了沉着再有一身松软之劲，就可以要快能快，要缓则缓。缓时恰到好处，冷快时能趁势而入，随机而动，在对方毫无察觉时，就将劲发到对方身上了。

在练习化劲中，要注意神、意、气在内的完整，在灵觉方面要不断地充满周身，无时无刻都要在松柔完整上去体会，这才是好的练法。

推手练习如何脱规矩（二）

练习推手要以化劲为主，功夫无论练到什么时候，都要在化劲上去下功夫，只有这样才能避免双重。太极拳推手的功夫就是要做到我顺人背，处处黏着对方，顺势借力。要做到这点，就要在练习中不断地提高对暗劲的体会与理解。

暗劲也叫内劲，是无形式、无样式的。这个功夫仅凭练是不行的，还要悟。悟是在内的，是看不见摸不着的。要悟得到、练得到，悟与练缺一不可。练的时候只是通过听劲互相走化。在掤、捋、挤、按的技术纯熟之后，心里进一步地放下掤、捋、挤、按的概念，按不见按，挤不见挤，化不见化，似动尤静；走即是黏，黏即是走，黏与走无不完整。

在身法上，上、中、下三盘相互协调，两脚虚实似动尤静，说是定也是动，说是动也是定。脚上的虚实以周身的完整听劲恰到好处为宜。在内能一动无有不动，气势沉着丝毫不乱。两人在推手运化时，熟练到一定程度后，说是掤、捋、挤、按，实际就是在兜圈子而已。这个圈可大可小，可快可慢，虚实变化全无定法，忽隐忽现。听劲要处处在先，周身无不松与灵，身势屈伸、含化无不宽广，似乎能容纳一切。腰上转动松软灵活，腰脊之劲屈伸自如。功夫能练到这个阶段，掤、捋、挤、按已能融为一身。

在运化转圈时听劲要细致，可轻可重。重时一身松软毫不迟缓，轻时可使对方无力点可察，可使对方处处不得势。这个功夫主要是在灵觉听劲方面产生的。灵觉对于内劲的提高是很重要的。灵是在内的，是否充实全在松的质量上。此时的放松已到了不想自松的阶段，这个松只凭一身的感觉。这个感觉就在身内，语言文字是说不清道不明的，是自然而然的，是看不见摸不着的，是在内含而不露的。此时，神、意、气的感觉是平淡的，是轻的，这个轻就是少的意思。神在上能领起一身，虚领顶劲，气沉丹田，彼此上下互相协调。

在推手中，神的作用很奇特，它可以使化与发的变化既灵敏又突然。发劲时如没有神的突然而动，则效果不大。所以要在神意内敛上多去体会，练出的功夫才能实用。太极拳在练习时看似松软稳静，但在内是有灵机的。这个灵机的洞察能力很强，不动时极其稳静与厚重，动时可令人防不胜防，突然而到。在推手练习化劲时，神的灵觉要无处不在，但不可以表现于外，而是要令对方毫无察觉。不用时淡定自如，用时则动如脱兔，迅猛无比。习练者若有此功夫，还可增加胆识。

推手练习既要脱规矩又要合规矩

太极拳推手功夫的练习说难也不难。说它不难，若能在初学时，就守住规矩，熟练后自会进入化境。按规矩练熟推手后，一举一动就能够做到随之而来，随之而去，屈伸开合随心所欲，既符合规矩与理法，又不为其所限制。功夫是在一步一步地练习中自然而然形成的。当心里感觉化与发已自然存在，就可在这个基础上，进一步地在化劲的功夫上去练。主要的练习方法是大走大化、大轮大转、大空大虚。这步功夫在实际练习中是不可缺少的。

我们在实际与人推手中，所遇对手是各不相同的：有快有慢、有软有硬，有来得轻巧的，也有力大者，也不乏力大灵活根力又好的。遇到这种功夫，用一般的化劲是难以应付的，需有大轮大转的功夫和大空大虚的内劲，方可应对这种大力。我们平日化劲的练习对各方面的道理虽说都能落实，但如果对大走大化这步功夫还缺少练习，就要将这一课补上，这样可以进一步地将自身内与外练得更为协调和完整，拥有更大的空虚运化能力。

在这个练习中，以腰为轴，胸部含化要有庞大的气势，周身大小关节都能在腰的主宰下进一步地放开。腰在身法转动时是总的轴心，周身关节是一个个小的轴心，既要与腰协调完整转化自如，又不可在转腰时有呆象。不可将周身的大小关节练得动也不敢动，在屈伸转动时犹犹豫豫、散漫漂浮。这样自认为是松，岂不知在松时要精神贯注，提起虚灵的气势。意气在内虽说是松但不可散漫，既要含蓄，又要灵活与虚空，同时在胯上不可丢了沉意。两腿既要松开有弹性，还要步法完整，两脚松开，稳固地立于地面。这个稳固是在之前练习的基础上，进一步地通过大轮大转，使根力摇又摇不动，推又推不倒，既有松软稳固的根力，同时在脚下又有着轻灵无比的感觉。在接触点上要有细致的听劲。这个听是让对方无察觉的，要顺势走化，在沾黏中去听。没有这个细致的听劲，就无法准确审视对方的来力。这个听劲不可有半点迟钝与呆象，能在变化中做到“人不知我”才算是好的听劲。没有这个听劲的基础，遇到力量大或有深厚功夫的人，就难以做到顺势借力牵动对方。

太极拳在推手中讲四两拨千斤，我们在实际推手中如遇强敌或走或化，或发或打，实际上是连四两都没有的。拳经中的“四两”是形容内劲轻到了极点，但这个轻要在沉的基础上才不会浮。我们在练习大轮大转这步功夫中，主要是体会在内精神气魄的运用。运化时在内的精气神既要含蓄又要虚灵，这样练出的劲在心里感觉就好似宽广的大海。对方迅猛的劲力打来，就犹如凶猛的河流入了大海，消失得无影无踪。若能有此功夫，则可无所不包，无所不容。通过大轮大转、大走大化这步功夫的反复练习，就可以练出大空大虚的功夫。练功要有魄力，要舍得下功夫去练，要在实际中多去体会。功夫是无止境的。

以上所谈几个不同的阶段，是练习推手功夫的大致脉络，可供学者在学习推手时参考。

化劲的要领

练好了化劲，是不是一定就安全了？还不能这么说。化劲的目的是对方来劲时化掉对方的劲，借对方的劲，使其找不到实处，这样就可引进落空。此时将他打出去，才是最安全的。两人推手你只化不发，对方就会接二连三地向你进攻，这种情况下，化劲再好也难免会失手。所以我们在练习推手时要在化与发这两个方面都有所掌握。

推手不是一个人的事，即使掌握了发劲，你的眼里也一定要有对方。无论对方的功夫强与弱，都不可越理争胜。若你认为自已有发劲的功夫，抬手就想将人打出去，此时对方无论是什么样的功夫，只要略走略动，你的发劲就很容易落空。因此，我们在推手时必须要以化劲作为基础，在化的基础上去发。

太极拳推手在走化时，在听劲的基础上，还要有沾黏、虚实，要听对方劲的大与小、轻与重、长与短，还要判断彼此的距离是否得机、得势等。在各方面都能做得到位，发出的劲才能产生作用。发劲不是打木桩，人是活的，是有反应的。如果推手中，能够做到人不知我，我独知人，处处掌握对方，便能随时将对方打出去。两人推手就是要被动于形式，主动于意识。意识要处处走在先、听在先。要让对方被动于一身，主要是在外面的形式上无任何迹象的表现，让对方无丝毫的察觉，这样对方才能在不知不觉中送上手来。这时，如果你的发劲又准又狠又干脆，又有完整的身法，劲能起于突然之间，就一定能打得充实，入里透内，对方就会在不知不觉中被打出去。

发劲不可勉强。在推手走化中要有极细致的听劲与灵觉，还要有精微奥妙的变化，在这个基础上，才能把握好时机，在极短的时间里，神气一动将劲干净利落地发出去。化劲的功夫要练，发劲的功夫也要练。要明白其中的道理，还要有正确的方式方法。在心里要不断地去体悟这些道理，并在实践中不断地去体会，反复落实与验证，才会逐渐有所理解和认识。不可盲目地去练。

沉着与发劲

发劲质量的好坏，主要是看周身能否松得开。老论中强调发劲时务令松静与沉着、专注于发劲点。这个道理是发劲的根本。能松静沉着于一身，神经自会感觉灵敏，气必充实。在推手走化中，要时时注意不可丢掉灵觉，这个灵觉可使周身蓄劲充实。我们在发劲时先要蓄劲，蓄而后发。这个蓄劲要巧妙、自然，不可有形式，摆个样子、拉个架子。蓄劲的功夫来自拳架的练习。在打拳时，在内时时都要注意动静开合、鼓荡不停。在打拳时打下这个基础后，再由推手将它运用出来，让这个蓄劲的功夫越来越灵敏，才能随时一触即发。

太极拳的发劲是黏而后发。发劲时，神意在内一松一静，身势自然下沉；腰脊略屈略伸，周身大小关节无不松开与相随；再有灵敏的听劲，接触点上似黏非黏。同时，还要在接触点上有一定的灵觉，方可在瞬间将劲发出去。在这种情形下发出的劲一般来说都是短劲。

劲有两种，长劲和短劲。短劲有多种打法，长劲也有多种打法。有的人说劲有几十种，但以我的看法，几十种也不止，它是千变万化的，若你打得精巧，它的种类是数不清的。这就是说，在发劲时，要根据不同的情况、不同的人、不同的功夫，或前或后，或左或右，或上或下，是没有定法的，若将它归纳出种类来必机械呆板。发劲时只是随机而动，顺势而发，或长或短，或大或小，劲的方向等，都不能事先而定，只是凭着听劲的感觉，加上身法的巧妙跟随，将劲发出去。发劲时，腰腿上以及脚下要有灵敏的反应，肩、肘、腕要能松得开、沉得下。要在接触点上有一定的变化，这样才能进得去身。同时更要有一定的胆量与勇气，这样才能打出干脆霸道的劲来。我们只要懂得发劲的道理与运用，长劲、短劲就自会千变万化。一般来说，长劲在与陌生人推手时用处不大，因为它在实际运用时作用的时间长，对方容易逃脱，谁也不可能等着你去打。这种情形，还是要打冷短的劲效果比较好。这种劲起于突然之间，作用的时间是极其短暂的，令人防不胜防。

发劲的功夫还是要因人而异方为合理，不可勉强争胜。学者不可不知。

化、发与柔手的道理

太极拳推手的功夫，主要体现在化劲与发劲两个方面。

推手中，对方进攻时，要以走化的方式化掉对方的来劲，使它落空，再顺势将对方发出去。化与发在推手运用时不可分家，若化是化、发是发，这种情形就是化劲与发劲分了家，化与发就不能巧妙地结合与运用。要解决这个问题，首先就要明白化与发在实际运用时，它们的性质是不同的。化劲是向回向内的，发劲是向外的。仅仅明白了这个道理还不行，如果在推手时还不能得心应手，就要在化与发的基础上，以柔手的方式将这两种劲融为一体。

柔手的道理与运用有它独有的味道，这个功夫体现在两人推手在接触点上相接相黏时，一切的变化都要在听劲的基础上去巧妙地运用，用在接触点上要似动尤静。当对方来劲时不能一味地走化，在走化时要体现出化就是进。举个例子来说，对方向你按来，你在化他的按劲时，就好似行走在盘山路上，不可直退，若要直退便是自促。要能做到处处在先，就要明白柔手的道理。首先从自身来说，要懂得虚实的变化。在推手中，对方若向你攻来，在接触点上既不能有抽离的意思，又不能去顶撞，只能运用虚实的变化才能与对方在接触点上不即不离。虚与实要运用得巧妙就要去黏，这个黏是有变化的，不是死死地黏。要做到这一点就要以柔手的功夫去与对方接触周旋。柔手之中有沾、黏、连、随、听、问、拿、发。在与人推手时往往给对方的感觉是似黏非黏、似离非离、动静相依，能使对方感觉不到是进是退。或左或右，或上或下，能随着对方转动而不停。在这个基础上可化可发，化即是发、发即是化，功夫能到此境界，化与发全无定向。在推手时既要有大的走化，又要有小巧的柔手，这个巧主要体现在接触点上。接触点上的动作不能大了，要均匀细腻，要沾与黏，要有柔的感觉、柔的意思。要随人所动，不可自动，只有这样才能做到人不知我，我独知人。要做到这些，全凭听劲的功夫，化与发要运用得巧妙，全凭柔手的作用。

推手的道理

太极拳推手的基本道理与其他功夫是有本质区别的。太极拳以松柔为本，在推手的练习中以松柔走化作为纲领。学此功夫者，当在此理上刻刻留心，无时不在柔软中去体会其中的变化。这个变化不在形式，若刚劲来犯，觉而后动，随屈就伸，心中之意无不在先，非柔软功夫不能为。

“柔软”二字奥妙无穷，练习者当每日用心体会。此柔软之功夫乃民族文化之瑰宝，祖先之智慧。太极拳道理玄妙精深，阴阳之道无所不包，无处不在，非有德者不能悟也。功夫之学贵在此理，防身御侮无所不能。潜心去修，功夫定不负有心之人。它日若成，可造福于社会。“阴阳相济方为懂劲，懂劲后愈练愈精”，此理乃推手功夫之要领，非好勇斗狠者刚猛有力匹夫之勇可为也。

松柔之道为太极功夫之绝学，柔软之内劲非同常理，在应用时灵觉可察一切之动向。此觉察可使内劲瞬间相应而到，打去可令敌防不胜防。不遇真传难明此理，此理为自然之法。自然本是浩瀚无边，唯有虚心向道，苦心修炼，方可明此理，此理真味玲珑透体。

人与自然本为一体，自然规律当人人遵守，违者必现主观，非健康之道。前辈之内功，厚重无比。今日之众多习练者，俗气未除，人前卖弄，以俗气与外力为内家功夫，此为当下普遍之现象。有学者自认为得其真理，岂不知内功者修养极高，威力极大，若全力出手可达于脏腑。此功夫非十年八载不能到此境界。

舍己从人

舍己从人在推手中是个大道理，这是练习推手功夫者必修之课，不能舍己便是舍近求远。推手功夫的要领，重在于此。

彼此推手你攻我化，便可引进落空。若紧把门户，不让对方进来，就难免双重。初学推手难以做到舍己从人。要做到这一点，就要有明师指点，先将一身拙力化净，这就要每天在定步推手功夫上用心去练。每日两人推手打轮都须定下心来，每次搭手都要在千圈之上。不下此工夫就很难练得柔软，黏也黏不好，走也走不干脆，一身扭扭捏捏、零零散散。一个人练习拳架和两人练习推手是有所不同的。人的心理多是向外的，尤其是与人搭手时，心意就更容易向外。只有让这个意识在内安定下来，才可生出柔软的内劲来。直到两人推手练得不见了形式，一切都能收敛于内、沉得下来，就可逐渐练出虚空的功夫来。此时心里的感觉是要大能大，要小能小。这个功夫不是追名逐利者所能体会得到的。人的心性是最难以放下的，太极拳的功夫从内劲的道理上讲，就是要在心性上去悟。悟是在内的，这个功夫一定要在推手中去磨去练，否则就难以见身手。

若要达到舍己从人这个境界，就要有恒心与毅力。我们在练功夫的过程中总有意想不到的困难。练功夫是要花费时间的，在这个时间里该怎样去学，怎样去练？首先在学的过程中，要不断得到明师的指点。但仅仅学到了功夫的道理是远远不够的，还需要我们长时间地在实践中去体会，这对练功夫者是一个漫长的考验。练习太极拳的功夫就犹如跑马拉松一样，仅凭一时之勇不行。

舍己从人，就是让我们在推手中处处以对方为主。无论对方往哪里按，找你的重心，你都要身势极柔软，方可顺着他来力的方向而引而化，绝不可顶抗。若你向外稍有拨意，就改变了对方来力的方向，对方就会有所察觉，就难以引进落空，也借不到他的力了。要借力巧妙，让对方毫无察觉。做到了“顺”字，在推手化劲上方可对舍己从人有所领悟。

推手与散手的关系

散手是在推手的基础上自然达到的，我们在练习推手中要一步一步地去练。当定步推手能练得周身灵活又不散乱，在内能沉着于一身，能将推手的道理落实在身上，并且能运用自如，每一动都有随机而动的感觉。这时对活步以及大捋稍加练习就能落实其中的道理，此时散手的功夫就自在其中。

散手与推手有所不同，散手是用来打斗的，是将推手各方面练得熟练后自然而然得到的感觉。散手这个功夫一定要在定步推手上打下坚实的基础，太极拳推手的道理都是要在定步上去落实的，定步推手是推手功夫的基础。所以这步功夫的火候是否具备练习活步的条件，是习练者要分辨的。如果火候不够就去练活步和散手，就是急于求成，就会适得其反。

练功是要讲规矩的，在不同的阶段有不同的练法。推手的功夫如能练到散手的阶段，可进一步去掌握散手的练习方法及道理。散手的道理以及练习的方法与要领是要有老师说明的。从道理上说，推手就是散手，当推手的功夫练到一定的程度自然就会上升到散手的境界。此时与人搭手，要推能推，要打能打，如遇对方不守规矩，变脸就打。散手的练习，首先要掌握散手的手、眼、身、法、步。当个人能将手、眼、身、法、步练得纯熟，能够与内在的精气神协调于一身时，再通过两人对练的方式将它练熟，才可以与人比手打斗。

散手在练习中，脚下的功夫是很重要的。脚下既能在变化中进退自如，又能与上、中、下协调一致，在腰上还要能控制一身。两臂略掤起，在走动时如右手、右脚在前，眼神与右手的方向是一致的，此时的腰是向左转动的。反之亦然。腰的转动方向与眼神的方向是相反的，这样身法在变化时才能做到不散不乱。散手的练习是没有定法的，在练习中身法是不停地左右转动与变化的，脚下的步子与方向也随之不停地变化。同时，还要时时留意灵觉在内要充实于一身。

在实际运用中，彼此要不即不离，要用眼神与心意时时注意对方。此时的情形是用神、用意去黏、去听、去接。无论在什么情况下都不能丢了沾黏，总要虚虚地黏着对方，处处要走在先。彼此在变化中有时渐渐地接近，有时渐渐地离开，慢来慢随，急来急应，这是没有定法的。只有各方面练得有了一定的分寸，或进或退、或攻或守都能有所把握，才算是有了一定的基础。练功夫要守着规矩，熟练后自然就会脱规矩，要切记！

比手打斗

太极拳是武术，武术贵在实际，实际的功夫仅凭说不行，是一步步下功夫练出来的。

散手的功夫是在推手的基础上自然而然达到的，再通过单人与对练的方式达到纯熟，到此阶段可谈比手。

比手的要领大体可分为几个方面：①要有胆量与智慧；②要自身功夫干脆利索；③要在实际运用中有巧妙与变化；④要出手冷、狠；⑤与人比手不是儿戏，你输我赢全在自信；⑥心中气势不可缺少沉着；⑦不要被输赢限制住；⑧不怕打败仗，才能放开心胆发挥自身功夫。

比手的道理不在形式，主要在于内在的思想意识。不管面对何种对手与场合，都要随机应变，而不可以一种心理感觉去面对不同的对手。在虚实变化方面要巧妙，你有不同的功夫，我有相应的变化，绝不可死打硬拼，要有机智与勇敢，自身在外一切的变化都是随着心理不同的感受而产生变化的。练功全在心理如何感受，如何去悟。一个人的心理在不同的阶段都有不同的感觉与看法，不可呆板与着相，不然就很难练好功夫。练功要明理，内家功夫重在修心与修德，亦不可缺少实际应用。功夫一层不到一层迷，我们只有通过下功夫才能用我们的身心去一探究竟，这就要求练功者处处用心，用心去练、用心去悟、用心去体会一切的变化与奥妙。不能因为有了一点功夫就沾沾自喜。

功夫是无止境的，要潜心去练，用心去磨，将一切外在的形式统统内化，在内去体会一切生机与变化。内劲功夫是如何产生的，又是如何提高的，怎样能让内劲的功夫顺其自然，无止境地增长，这主要得看我们练功者的态度。一个练功者以明理为重，以修其自身为本，唯有极细致的心境才能将理与法巧妙地融会贯通。所谓“势势存心揆用意，得来不觉费功夫”，粗心大意是不可能练好功夫的，太极拳有着深奥的道理，非有心之人不能悟也。

通过发劲去学拳

太极拳的发劲可说明内在的一切道理。我们学习太极拳，动作要领做得对与错通过发劲一试便知。初学太极拳要先由老师讲解姿势动作，再将理落实在学生身上。理是否落实到身上，落实的质量如何，要看能否产生实际的作用，这对学拳者是很重要的。老师讲明道理与方法，并将理与法如何产生作用示范给学生看，要将劲的感觉、劲的味道以及它产生的作用做出来。学生通过身体的感觉尝试过后方可知道其中之道理。仅凭老师做出来还不行，还要让学生自己能做出来，理与法方可落实。

太极拳的功夫是立竿见影的。明白道理之后，一个初学者就可以通过老师的引导发出劲来。不过，每个人自身的条件不一样。对于初学者来说，虽说能发出劲来，但其程度不一。有的强一点，有的弱一点，这是个人领悟能力、自身柔软程度、知识程度等多方面因素不同所致。

体会劲产生的作用是为了更好地去学拳，更好地体会拳上的道理。就如一道美食，它的味道有多好，只有亲自品尝过之后方可知道。初学拳，通过劲的味道，可以更直观、更深入地了解内在的道理。有了在内的感觉后，在打拳时就可以进一步地去落实道理。再由老师不断地讲解示范，学生也要不断地通过发劲了解掌握其中的道理。要注意的是，太极拳的发劲不是向外如何去用，恰恰相反，是向内松静与沉着，这样劲在内自会产生。

我们练太极拳，无论是打拳，还是发劲，都是遵循相同的道理，打拳和发劲时的内在思想是一致的。拳打得不对，劲就发不出来；劲发不出来，拳打得就不对。因此，我们可以通过发劲来学拳，通过发劲来检验拳打得对不对。举个例子说，打拳时，单手前按如何做才正确？这就需要老师先在学生的身上示范打出按劲来，学生通过感觉体会到其中的意思与味道，再模仿老师的样子，在老师身上将按劲做出来。老师结合学生按劲的质量，进一步进行讲解，师生反复试验，将按劲的道理落实。这样学生就可以正确掌握按的要领，并将其落实到拳架中去。通过这种方法，学生就可以逐步将一趟拳牢牢掌握。学拳不能只学一个空架子，一定要掌握拳的内在。通过发劲可以时时体会内在的感觉与状态，如何放松与沉着，意气在内是怎样行于周身的，又是如何贯串的，动与静是如何产生的内劲。这些道理通过发劲去掌握，学拳进步才快。

在这个阶段的发劲是为了更好地将道理落实到拳架上，不可去想象劲如何向外去用。如何用是以后的事，在学拳时只能在老师身上去体会，要体悟在老师的身上如何产生作用。老师听其味道后，方知学生练到了什么程度，再决定如何去教。教与学两者之间仅凭说与练两个动作是不行的，还要通过劲的作用与感觉去教、去学方为合理。

发劲功夫的练习

练发劲要掌握发劲的要领。劲是如何发出去的呢？不可前推，不要错拿推当成了发。太极拳的发劲是弹出去的，是打出去的。如何去弹？要在松静、沉着的基础上去练。松就是将周身内外同时松开，这样神经就会清醒，气就会随之而来，随之而动，静就自在其中。静的感觉是气在内生生不息的，是由下至上，由内及外充满周身。切不可在静这个意思上刻意去想去求，一求就滞了。静是松开后体内产生的一种感觉而已，但要注意心里要有沉着，不然这个松就散了，不能完整与集中。

练发劲要有对手陪着练，一个人不行。太极拳发劲的练习不能去打木桩、打沙包等死物。若你去打沙包就会把神经的感觉练得麻木，这与放松柔软是背道而驰的。

练习发劲时，一个人站着不动，两脚前后分开。步子不必太大，周身松开，将两手、两臂拢在胸前，被动地等着对方的劲。另一方在发劲时依照要领将劲发出来。打按劲时要将劲打在对方胸前的臂上。初学发劲很难掌握分寸，打在臂上会比较安全。被打者不可顺着劲向外跳，这是假动作。被打者只需被动地接受对方打来的劲，或长或短，将自己发出去、打出去。彼此都要这样去练，练出的发劲才真实。无论体重大与小，都是由对方发出的劲打出去的。这样练容易掌握发劲的要领。

发劲时，要注意体会松静沉着的味道，要注意身法与内心的协调。在内要蓄劲，神、气在蓄劲中能随着松静的意思充满周身。在身法上要松腰坐胯，身桩要中正，两腿要松软有弹性。脚下既要有根，又不能踏死，要在腰上去体会力由脊发的味道与感觉。头与眼神既要轻灵，又不可神气外露。劲要发得熟练，眼神是很重要的。肩、肘、腕要松沉，接触点上要以黏的感觉去接触对方。

初学发劲，要在周身完整、内外协调一致上去下功夫。在劲发出的一瞬间多在松上去体会，不必在内着意丹田。这个阶段的发劲，周身如能松得恰到好处，丹田气就自在其中。等到在身法上能够熟练掌握，再去体会丹田在发劲中的要领。在发劲中还要不断地去体会与落实完整的要领。这个完整不是打成包裹的完整，而是在内一动无有不动的完整。怎样去体会这个道理？我们在发劲与打拳中，两脚是内劲的根源，劲要起根于脚，发于两腿，主宰于腰，行于手指，由下至上要一气贯串，但不可直取，身势松软，身桩坐正。要打沉弹之劲，以松静沉着作为基础。此时内外完整一劲，心意要注意腰间，使整个身势向下一松、一沉，在接触点上要注意听着、黏着，还要有灵觉。当身势下沉时，不可迟缓，沉的瞬间要专注对方发劲点，沉就是发，发就是沉，不可将沉与发分开了做。若要分开效果就不大了。这要在发劲练习中，去注意找它的要领。

以上所述能熟练掌握，就要在用神上去下功夫。在发劲时，气是向下的，神要贯注于顶，拳意要布满周身。由神来感觉一切，这样的发劲才松才灵，打出的劲入内的效果才更好。发劲时全凭神经的清醒、灵觉在内的充实。在接触点上要以灵觉的听劲时时来探视感觉对方虚实、远近、火候等，不可呆板。发劲要干脆突然，劲要在这方面练才实用。

心　法

心　法

心法之重，为道者念念不忘。信者心中有心，一心之中还有一心，永无止境。太极本无法，动即是法。动者在外均为形式，心者在内无形无象，内外统一方为完整。

太极本是传心法。说到心法，人们的心里总是有一种感觉，感觉它很神秘，往往认为老师轻易不外传。

什么是心法？心法，就是理与法的结合。什么是理？理就是太极拳的理论知识。什么是法？法就是一招一式、姿势动作，或你所练的一趟拳。心法并不是隐藏着多大的秘密，关键在于老师教与不教，怎样去教。

懂得拳的老师在教学生时总能将理与法结合在一处去教，但教到什么程度，这也要看老师。如果老师只教拳架，不讲明道理，这就是老师有所保留；如果老师只讲道理，不教拳架，学生也很难学好。一个懂拳的好老师既要教拳（教拳就是教法），又要将道理给学生讲明白。要将道理落实在拳上，并能让学生做得出来、练得出来、推得出来、打得出来。这样的教法才是既传了理又传了法。教到了什么程度，落实到什么程度，老师的心里要有数；理是否落实在法上，老师要知道；落实的火候与程度，老师也要知道。要根据学生的接受能力、领悟能力去教。在落实理的过程中，要根据学生接受的能力和时间等合理安排进度，急了不行，慢了、迟了也不行。

中国功夫都是代代相传，老师在传授功夫时往往都是很谨慎的，一般总要经过一番了解，才能逐步地传给学生。为什么老师在传功夫时总是这么小心？过去的年代，如果传功夫时不谨慎，传给了一个为非作歹的人，往小了说偷盗邪淫，往大了说祸国殃民，这是功夫不轻易外传的一个原因。另一个方面是，每个老师的功夫得来都是不易的，都是经过多年苦心修行而成，所以他不轻易外传。同时老师也要考虑学生的生计问题。过去有功夫的人，在社会上有着比较高的地位，无论学文、学武，学好之后都能出人头地，但学文相对耗财力要少一些，学武耗的财力就要多一些，所以过去有“穷文富武”的说法。

一个老师在教拳时，如果只教了拳，而没有教其内在的道理，是有多种原因的。一种是由于对学生了解得不够，老师不想教。如果老师遇见好的学生，师生彼此相处融洽，学生尊重老师，对老师有敬仰之心，老师是愿意教的。如果学生只是想随便地要一要，真正懂得拳的老师是不愿教的。真想学的，要遇见真肯教的；真肯教的，也要遇见真想学的。另一种，是老师根本不懂太极拳，只能勉强教个拳架子。这种老师虽说能将太极拳的道理说个滔滔不绝，把别人的书都能倒背如流，但是实际上是一窍不通，根本无法将拳理落实在实处。当今社会，这样的人是大有人在的。

当下，人心都是比较浮躁的，很多人对于学问的重视只是停留在口头上，真正在内心重视得不太多。好高骛远、表里不一的人也是大有人在的。有些人一心想要学到功夫，虽然遇到了一个好的老师，但练习多年也没练出什么好的成绩，自己却还不知道是什么原因。这种情况是很多的，这其中不一定都是老师的问题。因为每一个真正懂得功夫的人，他的人品、责任心、道德修养都是很不错的，如遇到好的学生，哪有不教之理。学生在求学方面只要一心学习、尊师重道就行了，不要从中去找捷径。懂拳的老师观其面知其心，观其外知其内，这个功夫他是完全具备的。一心向道，干干脆脆，绝无二心，学到真功夫不是难事。如你为人不实，自以为聪明，岂不知你已被你的聪明误了一切。

心法的意义博大精深，希望爱好此道者都能重视它。

太极心得

天地之才，非有德者不能得也。太极之理，非有夙慧者不能悟也，即为俗人所不能用之。来者何为？天地有大爱，造福于人类，功德无量，万事万物均能得此爱，以与养之。修身养性，乃健康之道，心中有念，内外有别。内者，无形无象，太极之理，贵在于此。

柔软乃太极之灵魂。柔者其乐无穷，强者向外，乃太极之忌讳也。柔软之道，变化无穷。太极拳乃民族文化之瑰宝，唯有德之人之所悟。如此美妙之运动，后人乐而享用，用者当念念不忘先辈之功德。继承之道，用心得之，弘扬此理责任重大。习练此拳，乃有福之人。人生之学，不在形式，时间最为公平，操练身体，贵在坚持。精心耕耘，不求自得，乃道法自然是也。求学之路，一路坎坷；一心向道，永不回头；心无后路，静如止水。心中有道道非道，悟道者当谨记在心。太极拳是有形无形的功夫，说有即无，有无本是同在，相生相克。阴阳之理乃太极之根本。

我虽十五岁有幸与太极拳结缘，至今三十载有余，怎奈本人天资不够，至今成就不大。其拳之难，乃人生之乐。苦中有乐，方得真理。人生来时并无所求，他日缘分所定。人在何处并非个人所定，上天安排。苦心修行，为有成就者不可缺少。一年为例，鞋破十双，懒惰成性，不能悟道；一年为例，鞋破百双，悟道之日，近在眼前。时间与汗水，非有志之士不能为也。十年一日，坚信此理。太极之理高深莫测，坚信者自然存在，缺少信仰，流入世俗，有损健康，当下社会之现象。传统之学，民族之魂。真理无处不在，为人之生命最不可缺，真理浩瀚无边，其力量非语言所能尽述。

以我几十载习拳之经验，总结为杨氏太极拳十大要论，供读者参考。

一、松静沉着

松静沉着可使习练者养心定性。心乃一身之主，性乃一身之本，心中有魔性自发，故要沉着。能沉着心性自安，万念消除，气血自达。人乃血肉之躯，并非钢铁铸成，以养为主，心平气和，脑力清醒，思路敏捷。习练太极拳澄心定性后方可得此功夫。

二、松柔之魂

松柔乃太极拳之魂，内心当有，不可缺少。松柔之学最为长久，大松大软乃属精神之领域。习练太极拳者认识此理最为可贵，人类一切运动均不能比，唯我中华民族之独有，此乃祖先之智慧。松柔之气魄不可限量，好勇斗狠者远离此道。

柔若无骨一身之魂，内劲功夫如长江大河滔滔不绝。

三、动静之理

动静乃天地自然之理，凡一切事物均由此理演变而来。一动一静，人之生命不可缺少。动中有静，静中有动，动静互为其根，乃为太极拳之道理。大地庄严、沉着、安静，万事万物方可得以生长。人之内心，如同大地厚重无比，精神智慧饱满，生生不息，此乃个人松静沉着后方可得之功夫。人在生活中，危难之时，但求一块净土，安身立命，此时方觉名利之小。为国为学，可奋不顾身；为名为利，则适可而止。重视此理，健康不求自得。

四、轻灵无比

轻并非轻浮之轻，轻为少之意。少至无物，虚无之气势自现，灵觉自会充实。灵乃人之智慧，不可缺少，太极内劲全赖于此。轻之功夫，每日当由做减法而来。减掉主观，内心沉重包袱自会放下。内心坦荡，轻灵无比，智慧自生，应付一切自会随心所欲。身心内外玲珑剔透，内心之气与天地之气自会往来更迭，此为练太极功夫不可不知之理。

五、完整无缺

完整是太极拳功夫最不可缺少的，要做到完整，当知松的重要。松要松得完整，松得均匀。重视此理，方可渐趋完整。人之身体、四肢反应不同，以腰为主，这是习练太极拳功架不可缺少的认识，要将身体各处做到协调一致，思想意识需要在内行之。以心行意，以意导气，以气运身，方可做到一动无有不动，完整自在。各家拳术都有不同的运动方式，杨氏太极拳有它独有的运动轨迹，需用心掌握。老师言传身教最不可缺少，文学武道本是同在，两者兼修，用心体会，时间自会答复一切。

完整并非固定，人之身体如同行军打仗、排兵布阵，以心意为主。站住中定，四肢开合，左右旋转，向前退后无不恰到好处，方可做到周身一家。如遇敌来犯，敌攻我左侧，左以引之，右已同时到达，方可奏效。完整功夫在此情形下威力无比。

六、圆满无缺

太极功夫以圆为主，此圆并非形式之圆。心中有圆圆自在，当属太极功夫之首要。圆有内外之说，内者，不见形式。人生之学如修得圆满方为大成；外者，肢体表现，以腰为轴，一举一动需要做到不凸不凹，凸者向外，即为缺陷，凹者向内，亦为缺陷。不凸不凹，四面八方所去之时并不着相，内心沉着。功夫日久，不见形式，圆满之功逐渐形成。或养或练，心不向外，身心同在，不见缺陷，乃是德行所在。不信此理，远离太极功夫。每日汗水付出，总感美中不足，缺少认识，须得明师指点，方可得之。

七、气宜鼓荡

气乃人之能量，在内可推动血液循环，使人健康，消除疾病。当下生活，疾病甚多，多由浮躁而来。气血皆生命之源，气浮则内虚，心急则血亏。呼吸二字永不停止，健康身体，呼吸均匀，稳如泰山。重则向外，乃是耗散，重则向内，阻碍气血，此气为下下之气。此气形成与人修养密不可分。轻者并无觉察，内心平静淡泊为大，呼吸之道均在于此。行走坐卧，此理不可缺少。夕阳西下是人生安享之去处，重视生命，延续健康，耄耋老人能御众之形，可见太极内功之深奥。

修炼内功，气宜鼓荡，方为内功之要诀。“鼓荡”二字如何体会？人之内气，并非固定。气之作用随心意而来，所谓意到气到。鼓荡之理乃气血充实后，身体之内，智慧始有感觉。随着时间变化，内功日渐加深。意气往来或伸或屈，伸者意气为先，屈者意气收回，一伸一屈方可体会意气鼓荡之妙用。初学此理，微有感觉，每日习拳由浅入深，气之感觉日渐强大。两足有根，内有丹田，意识照满全身，内外均衡，脑力清醒，内心松开。内气知觉随着内部神经放松不断而来，此气产生永无止境。内心不止，生而有之，其大无外，其小无内。两者均无形式，此气宜鼓荡之理，乃内功修炼者必修之路。用心之久，方可得之。

八、节节贯串

贯串之理，如何落实？其意义是，人之身体能屈能伸方为有用，在此过程中贯串之理不可缺少。如无此理，一身必凌乱无章。贯串之理，由脚而腿，而腰，由两臂达于手指，此劲乃由下而上，一气贯串。上至头顶，两肩、两肘，由两腕到达梢节。但由下而上，不可直取，此功夫是反其道而行之。人之重量，由上而下，自然产生。行拳时，身势略屈，重心自然沉下，随屈就伸自然而然。所谓“行气如九曲珠，节节贯串，”落实此理必须松开。人之身体本是自然相通。为何强调此理，如能意识在内，上下往来不断，所谓以意领气，以气运身，导引之术贵在此理。习练太极之术，贯串之理不可缺少，此为内功之要领。

九、武术之学

武术之学，贵在实际，脱离实际，纸上谈兵。捍卫国家，强身健体，此学不可缺少。功夫之理怎样理解？南北拳术，形式不同，变化万端，但理为一贯。一贯之理，但入门有别，功夫熟练，内外不分，强调内外有别是未明拳术之理。

太极拳虽为内家，习之于外，即为外家。外家拳术，行之于内，便是内家。内外区分均在于此。此学奥妙无穷，杨氏太极拳乃为此学璀璨之明珠，创此拳者为清代杨露禅先生。人虽远离世间，但精神尚在，后人想念前辈高深之绝学。露禅先生人称“杨无敌”，是太极内功集大成者，此柔软之术为我中华民族所独有。先辈之德我等仰之，我辈当用心继承，弘扬责任重大。

十、道法自然

道者，自然也。柔软之术可谓道之使者，变化无穷，前后有序，规矩形成。习练太极拳重在于此，天下之事皆有因果。明白此理，乃道法自然也。太极拳招数虽多，一虚一实，阴阳之理。得悟此理，一切皆通玄通妙，乃言语不可尽述。

太极之理心法铸成，听来高深莫测，实则不然，若得明师传授，守住规矩，朝夕练习，随时间而来，可脱离形式，走向艺术，悟道之日自然可得。一切规矩皆由自然而来，所谓道不远人，用心学之，人人可得。

以上所述，是我个人对太极拳的一点点体会，望高明人士审之。

理　想

我们每个人都有各自不同的理想。但实现理想，是要通过努力的，唯有如此，理想与现实方能缩短距离。不去努力，理想只能成为空想。

理想并不是让我们去胡思乱想、异想天开、急于求成。要实现个人的理想，就要找到向着理想前进的方向，再通过自身努力，方可让理想成为现实，这一切都绝非易事。一个人没有理想不行，但有了理想，还应让它健康地成长，否则理想变成贪欲，我们的人生就难以达到一个较高的境界。

追求理想专注于想做的一件事情，一辈子永不停止，就会给我们带来幸福和快乐。如果由于种种困难，中断了对理想的追求，这是缺少对理想的执着与信仰。我们在生活中必然要面对各方面的困难，在生活中若没有了困难，反倒是不正常的。有了真正理想的人，不惧怕任何困难。当有困难时，反而是考验我们的时刻。如能经得住考验，自然会感悟真理，实现理想。

一个人的理想，若能使家庭和睦、事业有成、人际关系良好，对社会能作出突出贡献，这个人的思想境界就已远远超出了一般人。这就是说，理想虽是个人的理想，但个人的理想不等于自私。一个人真的有理想，往小了说，会影响到周围的朋友，往大了说，会影响到社会。我们有一个共同的理想，那就是使人类永久地幸福。这个理想，需要大家共同来努力。

我的理想是学好拳、练好拳，再将它传下去，使它永不变质。一个国家，每个人各自从不同的角度，去实现个人的健康理想，这个国家一定是强大的。太极拳的发展，就需要我们有一个健康的理想，这样才能使前人辛苦创立的太极拳得以继承、发扬光大。

形容与想象

练习太极拳要有想象，但这个想不可以凭空想，要根据事实和自身的感觉、体会去想象，加以理解。无论怎么说，人与理是不可分开的，要将理论落实在身上，逐步地将它体验出来。这个道理我们索性就叫它“形容”吧。

比如，我们要出门远游，你要到哪里去，首先要将它想象出来，不然就没有所去的具体方向。太极拳的道理就是落实在自身后，通过自身的感觉说明问题，再将它不断地形容出来。形容什么，还是要根据太极拳的道理而定。有了形容和想象，就不容易走错路了。但是，无论怎样去形容，人与理是不能分家的。

对太极拳初学者来说，自身的体会并不明显，这时是要有老师引领的。练过一年半载后，自身的感觉越来越强，就会不由自主地通过感觉，提出很多相关的问题，这时再由老师给予一一解答。有一定悟性的人，就会逐步对太极拳的道理有所了解，能够做出具体的形容。这个形容是无止境的，功夫进步得快与慢，与这个形容是有直接关系的。如果你对理与自身的形容是恰当的，功夫进步得就快；如果你形容不得法，功夫进步自然就慢。理总是要走在前面的，所谓走在前面，就是始终要知道如何去做，这样的练就是理论与实际相结合。但这个理要遵循太极拳的理论，不可以凭着个人假想、假设去做。理是看不见摸不着的，我们如果相信它，身心遵照理的意思去做，自然就会受到理的影响和净化，就会随着理的意思逐步地改变。不过这个理在外是不行的，要在自身上求，要专注于内。要由理来指导察觉一切，此时的身体自会有所变化和感觉。通过这个感觉，再去找理的指导，求理的帮助，理论与实践就这样互相为用、相辅相成。长此以往，随着功夫的进步，内心境界不断地提高，人的自身也随着这个境界在逐渐地变化。

我们要相信理，对这个理信仰得不够不行。不但要去相信它，还要去努力体会理带给我们的作用。

太极拳的理，初学阶段是在外的，也比较零散，不够完整，等到了理能统领周身，此时周身的完整全赖于理的作用。功夫到这个阶段，是用心逐步形容而形成的。

太极拳的道理，是由有形到无形的，是由外转入于内的，太极拳的功夫是由拙力转化为柔劲的，无论怎样去练都不能离开这个道理。形容的高低也在于个人的修养，与练功时间长短也大有关系。时间太短，就算你的悟性好，能将道理形容出来，形容得再高深，但实际与理论相距太远也是不行的。

理论意识超前，实际功夫要慢慢地长，不可心急，不然练出的功夫就不纯。对理的想象与形容是主观的，但在打拳落实的过程中，是客观与自然的。这个道理，全在老师用心去教和个人反复体会、用心揣摩。

全凭心意下功夫

我们在生活中，不管做任何事情，都需用心。练习太极拳更需要用心。

用心，不可三心二意。练习太极拳要求我们拥有一颗诚挚之心。在行拳时，要处处体会心意的存在、心意的作用、心意的屈伸、心意的内涵。不然，就会有明力出现。

打拳时，以心意为先，四肢与身体是被动的。心意在内行之以久，自会与气相合。开合鼓荡，处处要体会心意的作用。心意的来往，要极其自然，要极其松静，不然气必滞，筋骨、肌肉之间就会有明力出现。心意在内不可停滞，在行拳时动作虽说有时微停，但心意不可断续。所谓“劲断意不断”，这一点是很重要的。

要用心意使周身无不放松，无不松软，心、意、气要达于梢节。这样久而久之，内劲自然通达。处处要用心体会，用心照顾，用心意去找松静的道理、找虚无的气势。

人乃血肉之身，心意在内应以养气为主。气虽说是内在的能量，但不可以过度消耗，要以养为主。拳论云“气宜直养而无害”，又说，“有气者无力，无气者纯刚”，意思是说，心意在内，不可穷思极想。心意越是稳静，越是沉着，气的作用就越大。如果你想着鼓气，又去转动丹田，就是违背了这个道理的练法，对身体内在的功能必有损害，太极拳的内劲功夫也无法增长。练之得法，内劲自升。总想着鼓气，即使练出一身大力气，在实际运用时，也会缺少灵活。

在习练套路时，在内要使气充盈。心意在内，气越是向下沉着，向上一气贯串就越是充实。你若是鼓着气，就等于将它提起来了，这样的练法哪里还能有底劲？

心意功夫的质量决定了整体功夫的质量。心意在内如何去不断体悟，不断提高，这是一辈子的事，此所谓“全凭心意下功夫”。

气的作用

太极拳所说的气，在身体内是看不见摸不着的。气是行于体上的。气不离体，体不离气。气与体是不分家的。

太极拳运动中讲气沉丹田，意思是说丹田之气，不可上浮。不过这个不上浮，并不是用意识去压制或控制。丹田气是要自然而然地动。现在有一些太极拳练习者，在练丹田气上，想象丹田如何地翻滚与转动。这种练法就是把丹田气与体的关系分家了。这样子苦苦地练一辈子，也不会有好的成绩。还有的练习者，将丹田练得鼓鼓的，坚硬无比。这种练法就是把丹田气有意识地控制住了。这样练，气与体不能有机地结合，结果是练了多年也练不出好的功夫。还有的在练丹田气时，想象丹田中的气与手掌心如何相对，两手对准了腹部练丹田功夫。更有甚者，想象丹田像水的波浪一样，在内里动荡。诸如此类，在丹田气的练习上，有着千奇百怪的练法，许多练法都是不正确的。

气与体的正确练习方法是：我们在练拳时，只需在内将心意松开，到达周身，气就随着心意而动了。稳稳静静，松松软软地将一趟拳练下来。这样的练法就做到了意气在内主宰一身。拳论所云“意气君来骨肉臣”，就是这个道理。打个比方来说，气与体的关系就好比水和泥和在了一起：水就是气，在内是主动的，是无处不在的；泥就是体，是被动的。虽说是一个被动一个主动，但气的运行需体上松开配合。若体上不松，气在内就主宰不了周身。体上若松开后，气就自然通达周身。这和泥团中的水能浸透泥巴是一个道理。

我们在实际练拳时，气在内的作用是一动一静、一鼓一荡。我们仰卧在床上休息时，将两手放在腹部，自然会感觉到腹部的鼓荡。这是我们腹部丹田气自然而然的动。在练拳时，不能违背了生理的自然规律。若违背了自然规律去练丹田气，对我们的身体健康是没有好处的，想练出功夫来就更难了。

有许多练拳者，对气的练法迷茫不解。在练习太极拳时，呼吸要自然，这样练才不违背内在的生理条件。若在练拳时，一心想着气在内如何的产生作用，这样的练法，就是老论中所说的“在气则滞”“有气者无力”。相反的是，“无气者纯刚”。这个“刚”的意思是说，气在内自然而然地产生作用，练出来的内劲才能无坚不摧。练拳时，不可在气上多想，只要周身松开，心脑平静下来，身心内外一体松开，不留丝毫的拙力，气自然就会充满周身。就落实了“无气者纯刚”的道理。这是我们每个练拳者都要用心体会的。

太极拳是内家功夫，内家拳的意义就是我们在练时，在内、在外都不能有所表现。在内有意鼓气，这就是在内有所表现；在外若见明劲，就是外在有所表现。这都不是内家拳的练法。内家拳的练法，内与外是均匀的。在内、在外无任何表现，才能做到神、意、气、体的完整与协调。若功夫能练到这个阶段，内劲自然就产生了，举手投足看似松软无力，而一掌打出去，打在对方的身上，有入里透内的功夫，才算是太极拳的内劲。太极拳是不练力而有力，不练快而能快。这个功夫完全是周身松开后，内在产生的灵觉充实而做到的。灵觉的产生就是气在内没有了形式与表现。反之，气在内一有表现就拙了。这个道理我们要好好地去认识，不然在练功和养生保健上都达不到好的效果。

在练习太极拳时，心意只需做到松静沉着，气在内就可做到自养。我们的功夫无论练到哪一天，都是以养气为主，气的充实就是养出来的。我们若懂得了养气的道理，人的身体就强壮了，也就做到了拳论上说的“益寿延年不老春”。

轻与灵的道理

“一举动周身俱要轻灵”，这是老论上的话。

什么是轻？轻为淡之意，就是少的意思，并非轻浮之轻。轻是走向虚无的一个过程，有了轻的思想，自然就会少了污浊。对于初学拳者，不容易做到这一点，只是不用力就行了。不用力但要用意，用意要少一些，淡一些，这样虚无的气势就自会呈现出来。没有这轻的开始，就很难去掉拙力。风吹过来将羽毛刮上了天，这是浮，这不是太极拳说的轻。太极拳的轻，就是由少到虚，虚就是轻到了极点。这个轻的感觉，要让它越来越淡，越来越少，少到了不见形式，灵就自在其中。

灵是大脑极其清醒后产生的，是心里松静后产生的，是身势内外松开后产生的。有了这个灵，觉察力就会得到极大提高。推手发劲时全凭这个灵，这个灵就是功夫，就是内劲，就是人的智慧。练习太极拳对轻有了一个正确的认识，灵就自在其中。从理念上说，心中要先有这个轻，这样一举一动，拙力才不会上身。在这个基础上，才能渐渐地松柔下来，沉就不求自得，真正的灵就会由松沉中自然产生。有了这个灵，不要让它散在外面，要在内含蓄一些。随着每天练功夫，灵就会渐渐地充实，这样就会对太极拳的道理慢慢地悟明白。

无论练习静功打坐、桩功，还是练习太极拳，都要生出灵觉来。这个灵觉，随着你不断地下功夫，自然会不断产生；当你坐在那里或者站在那里，虽然不动心，但可以察觉一切事物。我们在生活中，有时会说一个人太笨了，这里所说的笨就是拙，就是呆的意思，是缺少灵。这个灵不是你主观求来的，是客观松开后自然产生的。练功夫如果不到这个境界，就只是在锻炼筋骨肌肉。虽然下了很多工夫，练功多年，但总会感觉美中不足，成就不大。其原因就是将太极拳的道理放到了一边，不向深细方面钻研，太极拳的智慧不等于是我们的智慧。不能虚心接受太极拳的道理，就难以有成就。

练习太极拳是否在矛盾中进行

初学者对于太极拳的道理，往往是百思不得其解，总是想在老师那里问个究竟，太极拳到底是怎么回事？老师的回答，给学生的感觉也常常是矛盾的，学生听后感觉很无奈。怎么办？先跟着老师慢慢学吧。由古至今，还没有哪个老师能让学生一下子明白太极拳的道理。有时就算你练上几年，也未必搞得懂它的道理。太极拳的道理为什么这么难？其实说难也难，说不难也不难。

说它难，是因为太极拳的道理是极其精细的，极其深奥的，要想一下子理解和掌握，不难才怪呢！说它不难，又如何理解呢？如果学生在入门时，能够听从老师的话，在老师所讲的基础上去不断地揣摩、不断地思悟，通过实际练习慢慢落实，再由老师不断地讲解。等到能将一趟拳练熟，体会到了功夫的滋味，就会明白其中的道理，很多的问题也就迎刃而解了，自然就不会感觉难了。

太极拳本身就是矛盾的。在演练时，无时不在矛盾中进行。如果不矛盾，就无奥秘可言，这个奥秘是永远说不尽的。这说不尽的道理，就是一阴一阳，两者是永恒存在的，是对立而统一的。这与生活本是同一个道理，我们在生活中还没有哪个人能将人生说得明白。生活本来就是矛盾的，只有懂得了矛盾，我们的内心才不矛盾。

明白了这个道理，无论是练习太极拳，还是走在人生的道路上，就可以无时不在体会其说不尽的道理。太极拳运动，你说它是动，动中又存有静意，你说它是静，静中又存有动意。这一动一静，就是一阴一阳，阴阳变化是太极拳根本的道理。我们从这个方向去理解，其中的内涵也就不难懂了。初学拳时，如果不听从老师的话，个人东想西想，就算想上一辈子，也是越想越乱，越想越难。太极拳谱上说“入门引路须口授”，对初学者来说，有一个好的老师引导入门是最好的办法。

生活往往让我们很无奈。每个人来到这个世上，无论你怎样去生活，每天总有意想不到的事情发生。在解决问题时，常常让我们很矛盾。如果能通过练习太极拳，学习其中的道理，再不断地通过身体力行，去了解事物的发生、发展的规律，慢慢地就会深刻领悟其中的道理。我们的自身，无非就是理的试验田，道理仅凭空想还是不行的，总要通过实际的感受，才能够有深刻的理解和领悟。

太极拳一静一动的道理，其中的含义颇深，它包括了开与合、虚与实、内与外等一系列的理论。从推手上来说，就是阴阳相济的关系。两人之间无论怎样去动，都不可分开。你进我就退，你退我就随，在这一来一往的过程中，无时不在变化。取胜之道，均在于此。

太极拳的道理是很值得研究的，越是研究，就越是感觉趣味无穷。

学拳不学理是一大忌

当下练习太极拳者，虽说人数众多，但其质量远不如过去。这是有很多原因的，但究其根本，是不明白太极拳的道理。学习太极拳，从一开始，就要充分重视太极拳理的学习。

当今社会，人们在生活方面的要求越来越高，这就难免向外追求。强烈的欲望让人们的心变得越来越浮躁，做事就不容易安下心来。有些人练了几年的太极拳，对太极拳一知半解就当了老师，为了赚钱便毫无理性地将太极拳教了出去。还有些人练了一二十年的太极拳，自认为功夫练得不错了，自然也就做了老师，在教学生时，将自己的经验、个人的想法说成了是太极拳的道理。更有一些人，将自己的功夫说成是祖传的，无论走到哪里，教到哪里，都将祖传这个招牌挂在嘴上，自己练得对与错，是不是符合太极拳的道理全然不顾，举着祖传这杆大旗，走到哪里就炫耀到哪里，岂不知自己的功夫不能代表祖宗。功夫练得对与不对，好与不好，要看自己是否练得正确。无论过去是跟哪个老师学的拳，老师的功夫终究是老师的。如果将个人的主观认知和想象说成是太极拳的道理，就是误人误己。像这样以讹传讹，功夫的质量岂有不低的道理?

很多老师在教学生时，总是将自己向上抬了又抬，将自己包装一番。学生很难分辨，也就相信了老师的话，你怎么教我就怎么学。岂不知太极拳有其自身的道理，无论哪个老师教，无论哪个学生学，都要本着太极拳本身的道理。

把太极拳的道理放到一边，无论老师怎么用心教，学生怎么用心学，也是没有办法把太极拳学明白的。

太极拳的道理，经过历代在太极拳上有极高造诣的先行者总结，已经形成了一套系统完整的理论体系。我们作为后来的学习者，要想学好太极拳，首先就要了解太极拳的道理，同时也要了解太极拳的发展历史。学习太极拳不重视太极拳理，是学拳者的一大忌。教太极拳的老师，不能教在正确的理上，不但误了学生，也阻碍了自身的进步。

现代人的生活花样很多，很多人通过各种手段谋取利益，早已将道理抛在了脑后。有些太极拳的老师虽说练了多年的太极拳，似乎也明白了一些道理，但要看是否真的明白。明白与不明白，懂与不懂，要看教拳的人是一个什么样的心理。如果他是不择手段谋取利益，这样教拳时就会无所顾忌。一个人如果真心想把太极拳练好，理在他的心目中，就会重于泰山。

当下社会，学习太极拳的人，多数不愿去学理。有老师教一教，再能带着练一练，放松一下心情，活动活动筋骨，也就行了。依我个人的意见，以这样的态度去学习太极拳，就不如去跑跑步，选择一些简单的运动方式。当下的太极拳多数已变成了太极体操，能练上几年，再能够耍弄一点力气，也就不错了。只可惜，古人辛苦创造的太极拳就这样慢慢地被毁掉了。

所以，我们学拳，哪怕只学一点，都要重视它的道理。若人人都能如此，太极拳这一传统文化就会健康持续地发展下去。

求与得

太极拳的功夫非同常理，学习的过程，就是不断认识和学习太极拳理的过程。想要学好太极拳，必然要付出艰苦的努力，要本着客观自然的理念，不能急于求成。太极拳的功夫不是苦苦追求就能够得到的，它是从自然中而来，是不求自得的。不过，这里的不求，是从求开始的。

一个初学拳的人，无论他是出于何种目的都是求，这个求，我们说它不对，就太不客观了。哪有生来就会的道理？我们不管做任何事情，都是由求开始的。实实在在地讲，一个初学者能够一心来求，这也是很难得的。不过在学拳的过程中，不断受到理的教化，要将求的欲望逐渐减少。你可能会担心，少了欲望或能做到不去求，人还有前进的动力吗？其实，我们不过就是换了一种思维方式，不去求，但要去做，依照理去做，功到自然成。如果总是一求再求，就难免主观，就会违背太极拳的道理，反而会累得你疲惫不堪，最终也是感到美中不足，这就是欲速则不达！我们要兢兢业业地去做事，而非去表现。如果我们做事时总是表现给别人看，这就向外了。如果你一心想将事情做好，别人也自会对你有所评价，不必去求，更不要去表现。我们练习太极拳，就一定要懂得这个道理，不然就很难将一身的拙力、僵力松开丢掉。

有人练太极拳多年，练出了一身大的力气，和太极拳的功夫背道而驰，就是不懂得太极拳不求自得的道理。太极拳从道理上来说，从未让我们去求，功夫在自然中得到，才符合太极拳的道理。拳经上说，“太极者，无极而生”，就是这个道理。这对于一个学习太极拳时间较短的人来说，是不容易有所认识的。这时，最好能够有明白的老师，经常为其细细地讲解其中的道理。学拳者在练习时，不断去思悟其中的道理，功夫就会在不知不觉中自然而然地产生。

在求与不求这两个方面，能有老师对学生不断地施加影响，转变其思维，并将其引向客观自然这条道路，是要花时间、精力的。要让学生转变思想，走向客观自然的道路，不但要有老师的努力，学生自己也要努力才行。学生在明白道理之后，不断地努力，取得成绩不是难事。不过入门后，随着时间的变化，会遇到很多困难和问题，坚持下去是需要很大的决心和毅力的。这就需要学拳者，一心一意，耐得住寂寞。

功夫的道路是漫长的，并非一日所得。能在漫长的过程中潜心去努力，才能真的体会出其中的道理。功夫就是要在磨炼中成长，道理就是要在困难中去感悟。所谓的困难，无非就是长此以往地坚持。

对于一个有志者来说，吃一点苦不算什么，一个有恒心者总能在苦中找到乐趣，人生不就是如此吗？我们就是要从不同的方面考验自己，是否能经得住考验，要看个人的心理条件，看你是否有恒心。一个人真的能有恒心毅力，无论他去做什么事情都会取得一定的成绩。有了恒心，努力去做，功夫自然就会有所得。

传人责任重大

民族精神血脉相传，民族之学血脉之根。太极之学代代相传，传人责任重大。太极拳传承由古至今，非有德者不能载也。能继承此道者，已为有缘之人。传人责任之重，贵在精神。民族精神，如江河之水，滔滔不绝。今日接力之传人，应本着前人之精神。

太极拳理论意义极为深刻，若得真传非有十年八载之功，不能传至他人。原因是习练者在外筋骨肌肉，在内思想意识，此两者若不能兼修，不能化为一身者，无条件传至他人。前人之功，深奥无比，太极功夫，高深莫测。即使家学代代相传，祖宗之德非个人苦心练习亦不能得。太极拳虽好，不等于我们每个习练者的功夫都好。作为传人，应明此理。每个习练太极拳者，都可以说是一位继承者。但功夫不到，还不能说够传人的资格。

作为传人，一念之差，千里之外，在传授道理方面，须谨慎小心。太极拳的道理与实践两者不可分开，这就是说理论指导实践，两者之间要恰到好处。作为传人，若自身对道理体会还不熟烂，就不知深浅，急于传授，就会误人误己。

虽说有志学好此拳者甚众，但明师难寻，真假难辨。能得此拳者，乃个人之造化。倘遇明师，当用心学之，苦心练习。他日缘分即到，不求自得，非穷思极想，急于求成所能得也。如不能将此想法舍去身外，无论如何苦修苦练，也不能成其正果。

怎样做一个聪明人

人的性格是千差万别的，智慧也是高低不同的。我国有十几亿人口，就有十几亿种不同的性格。不同的性格、不同的智慧造就不同的境遇，也就使我们每一个人在事业上有着不同的选择，在做事情时也有着各自不同的方法和理念。而相同的是，我们每个人都希望自己是最聪明的，谁也不想去做笨人。

练习太极拳，最能体现出一个人是否真的有智慧。每一个人本能上往往都喜欢表现自己的聪明才智，这样做是否正确，还要看表现在哪个方面，怎么表现，表现到什么程度。比如我们参加求职、求学的各种考试，就一定要把自己的聪明才智拿出来，让别人了解你，但不要过度地张扬自己，那样反而不好。为何这么说？因为人在工作和生活中，只要将自己本分的事情做好就是了，把才干用到该用的地方，凡事心中有数，不要急于表现为好。

我们练习太极拳，很讲究如何运用智慧。如果不掌握这个道理，就很难提高拳的质量。怎样去掌握这个道理？太极拳讲内敛，就是说我们要将自己的智慧收敛，含蓄于内，能够做到含而不露。一个聪明人，你反而见不到他的聪明，说明这个人已有了聪明在内的修养。一个人，朴实无华、平淡无奇、无事可扰，似乎这个人很平常，但他做起事情或谈论某一话题时，却能够运用无形的智慧去解决问题，能够用最质朴的语言说出道理来，能使自己的生活既简单又不平凡，这才是真正聪明的人。

我们了解了聪明，该从哪个方面去努力呢？如果能不断地提高自身修养，在人生的道路上不断地磨合，不断地摔打，不断地将思想精神内化，人的聪明便能转化为智慧。聪明与智慧，这是需要我们每个人一生一世去体会的。

智慧与聪明是不一样的，聪明是随着一个人的健康大脑发育而来的。这个聪明在生活中如果运用得不够恰当，等这个人到了一定的年龄，生活中积累的阅历、经验反而会阻碍聪明的发展，这时就会出现年龄在长，聪明反而不长的现象。

有了聪明是好事，但要将聪明运用在理的道路上，这样才能不断地去学习、去认识问题。如果一个聪明的人能够确实受到理的影响，他的聪明自会转化为智慧。说到智慧，从感觉而言，它是没有一定方向的，无论你是在什么场合，听到了什么，看到了什么，或想到了什么，都能够自然而然地有所感悟。

一个有智慧的人，他的生活是简单的。在生活中减掉一切包袱，将自己的心里减得虚空，无任何形式，无任何样式，这样的人才是真正有智慧的人。如果一个人善于表现自己，总习惯在众人面前突显才华，生怕别人不知道他有学问，这样的人才是最笨的人。一个笨人，想去做聪明人，就显得更愚笨。如果一个实实在在的人，他能够进一步朴素地去生活，这样的人是最可爱的。善于表现的人，习惯去要他那笨拙的聪明，这样的人还是大有人在的。这种人，往往习惯端个架子，拿个样子，总想准备个话题，在人前去显弄一下，岂不知那些话是别人说的话，他不过是鹦鹉学舌而已。一个有智慧的人，生活过得很简单，精神又能够极其充实，与人交往时语言极其朴实，无论遇到什么困难他都能够从容应对。此种人在生活中如能结缘，算是我们的福气。

有真功夫的人，在演练太极拳时，你并不见他的功夫；虽说有内劲，但也不是表现于外的。如果在练功时，急于去表现自己的功夫、才华，这就远离了太极拳。太极拳无论是从内心深处，还是从肢体表现上，都是安静的、松软的、简单的。一切的功夫都要在内，从外面看上去，一切都是平淡的。这才是真的太极拳。

我的老师张义敬

老师张义敬是重庆人，生于1926年4月15日。老人家一生爱拳，喜欢读书，为太极拳的健康发展做出了显著的贡献，著有《太极拳理传真》一书。该书多年来得到广大读者的一致好评，为太极拳爱好者在迷茫中指引了方向。太极拳是中华民族之瑰宝，是前人智慧的结晶，由古传至今日，一代传至一代，我们今天仍然能够享受到太极拳带来的快乐与健康。真不知如何去感谢我们的先辈，是他们付出了心血与汗水，才使我们今天的太极拳得以发扬光大。

多年来我从老人家学拳，聆听他的教诲，深深体会到一个老师对学生的言传身教有多么的重要。在对与错这两个方面，他从未打过折扣，对就是对，错就是错。在我的记忆中，我与老师学拳的前十一年里，他从未在我的功夫上说过“对”这个字，这是一个老师对学生的真爱，也是一个老师道德与修养的标准。现与老师相处已有二十余年，在这二十余年里，我的感触是言语所不能尽述的。老师对我的影响颇深，他告诫我理就是理，真理是不容半点瑕疵，是浩瀚无边的。他说太极拳是学问，学问怕的就是不真，二十余年来我就是在他的影响下逐步成长起来的。

太极拳使我在人生的道路上明白了许多做人与生活的道理，正是老师多年来对我的关爱与呵护，才使我对太极拳有了一定的认识。老人家今年已九十岁高龄，脑力仍然十分清醒，每天还能看看书、写写字。老师的生活比较简单，但对于太极拳的健康发展，还时时挂在心上。今天的太极拳能够享誉国内外，就是得益于一代传至一代的有文化有修养的老师。

养　生

睡　功

睡眠的根本意义就是休息。睡眠质量的高与低，休息得好不好，直接关系到我们的身体健康。健康是我们做一切事的基础。当下社会，人们的睡眠质量普遍不高。还有些人，常年受失眠困扰，严重影响了身心健康。

我习练太极拳三十余年，对于睡眠在养生方面的作用深有体会。符合太极拳原理的养生静功可以有效改善睡眠，提高睡眠质量。下面我就把这个功夫教给大家。

首先，到了晚上休息时间，心里要慢下来。这个慢就是尽量放下心里的想法，以悠闲的姿态进入休息的时间。上床睡觉前，拿出点时间来用心体会这个“慢”字，以免心里急于睡着。到了该上床睡觉的时候，需做到全身放松，内心要不急不躁。懒卧在床上，姿势形态随个人习惯，没有具体的要求。在全身放松的基础上，要注意面部的放松，五官面相要松得如痴呆般自然，两眼随之闭合，这时，心里的想法会自然减少。此时，周身内外的杂念基本消除，只剩下脑里还有一点儿微弱的意识。这一点意识，要淡淡地注意面目的痴呆相。在痴呆中，似乎还有着一点痴笑的感觉，这个痴笑有利于产生睡意。睡意若来得慢，很正常，只需用脑里那一点微弱的意识继续注意脸上的“痴呆相”，保持全身的放松，要懒懒地松开周身。这样，不知不觉在短时间里就会产生一定的作用。

在跟我学过这个功法的人中，每个人的效果各不相同。有的人练习起来见效很快，练上就睡，效果很好。有的失眠症患者，情况比较复杂，练上后，效果产生得慢些。但只要持之以恒地练下去，过一段时间后，自然都会产生一定的作用。这个功法，对于改善睡眠质量的作用很大，凡是坚持练习者，可以说是百试百灵。

这个功夫我已经练了十七年，对其中的道理深有体会。睡功的道理简单而又深奥。在练习时，不要想得复杂了。关键是要做到全身放松，一松再松。在五官面相上，要一呆再呆，呆得自然。做到这一点，很快就会产生睡意。这个睡意开始也许只有三五分钟。此时，在内的气息已有了变化。有的人气息粗些，有的人气息细些，也有的人会发出哼哼的声音。这是产生睡意后的自然反应。再过一会儿，睡意会逐渐加强，慢慢就会入睡。在练这个功夫时，有两个字心里不要去追求：一是“急”，二是“静”。睡眠不好的人，最怕的是这个“静”字。心里一有静的意思，人反而会更精神了。追求静与扮痴呆是正反两方面，睡眠的情况与我们睁开眼睛考虑事情也是相反的。

现在，我走到哪里就可以睡到哪里，躺着睡、坐着睡都可以，每天睡觉时不需多想，很快就睡着了，而且睡得特别好，等到了第二天早晨起来后，回味一下，感觉这一夜似乎将自己睡丢了，感觉自己的身体很结实。这种感觉就是深睡后，精力充沛达到的效果。现在，我感觉睡眠就是一门艺术。这门艺术达到一定的境界，方能睡得好，方能让一个人的内心达到不可用语言来形容的快乐，那种快乐中有一种美美的幸福感，一种睡出来的幸福感。

我们每个人每天既有工作又有生活琐事，多数人重视了白天的劳作，而忽略了晚上的睡眠。没有充分地认识到高质量的睡眠是工作的基本保障，睡眠好了，才有精力去做其他事。忽略了睡眠，身体休息不好，就会丢了健康。

睡眠是我们每一个人一辈子的大事！

太极拳疗养疾病的作用

2001 年秋，在一次突然转身回头时，我用力过猛，意外将颈椎扭伤。颈动脉被卡，瞬间感觉全身瘫软无力，大汗淋漓，几分钟后，就基本失去了知觉。在朋友的帮助下，我很快就被送到了医院的急诊室。

进入急诊室时，我还有一点微弱的意识。但周身无力，动弹不得。我耳边听到有个医生说：“这个人已经不行了，不知道什么原因，脑不供血。”我听到后，想说话却说不出来。此时的医生就在我身边，但我感觉医生说话的声音离我很远。我的手脚开始变凉，很快从两手凉到了两肩，从两脚凉到了两胯，只感觉躯干还有一点温度。之后，我就完全失去了意识。

第二天早上，我苏醒过来后，躺在病床上，有一种非常奇怪的感觉，感觉身体好像要悬空飞起来。我急忙喊道：“快把我按住！”医生见我苏醒过来，急忙问我："你现在是什么感觉？你的病是怎么发生的？"那时我还说不清楚，脑子里糊里糊涂的，只感觉如果不按住我，我就要飞起来。后来经过内外科医生会诊，查出了病因，给出了治疗的办法。先是经骨科医生牵引复位治疗，将颈椎尽量回位。几天后，我的身体有了一些好转。

医生说，我是因为颈部扭伤造成颈椎受伤。现在已经将颈椎复了位，可以回家慢慢地疗养。于是，根据医生的建议，我第二天就出院回家了。没想到，由于颈椎受伤严重，导致脑供血不足，造成了脑梗死，又二次入院，经地方医院抢救后，又转入省城大医院。经过两周的治疗，病情大有好转，两周后出院回家。回家后的第三天，我正靠在床上休息时，突然感觉头部就像戴了一个金箍一样。这种感觉大约持续了十秒钟，之后就感觉两眼发暗，脑袋说不出的眩晕。当时我意识到，这应该是头部神经出现了严重问题。意识到了问题的严重性，不过我的心里并没有慌乱。缓了几分钟，我想坐起来，想感觉一下到底是怎么回事。我试探着慢慢坐起来，还没坐稳，就感觉到头上发紧。那种紧是四面八方向里使劲。我慢慢地又躺在了床上，心里在想究竟是什么原因，使我的头紧了又紧。当时我并没有跟家人说，只是自己琢磨。过了大约十分钟后，我将两腿向外划动，手扶床头，将两腿顺在床下坐起身来。两手扶着床沿，我试探性地两眼微闭，由上至下放松，很快感觉到头上紧的症状有所缓解。五分钟后，我又慢慢地扶着墙站起来，由上至下松了松，感觉勉强能站得住，但手不敢离开墙面。

得病的最初几天里，我不敢大动，更不敢走动。站起来头就发紧，坐下放松还可以。我就坐着用放松的办法来缓解头部的症状。几天后，勉强可以下地走动时，就开始去医院看医生。前前后后，不知道看了多少次中西医，又是针灸，又是吃药，但没有一点效果。四处就医无效后，我决定彻底放弃药物治疗，用太极拳来疗养我的疾病。俗话说，病来如山倒，病去如抽丝。这之后，我每天动静结合着练太极拳，感觉身体状况好点就练拳，感觉不好就练静功，坐着练、站着练、躺着练，运用太极拳的道理，反复练习。

太极拳的放松对疗养疾病有很好的作用。在疗养疾病的过程中，重要的是不能急，心里一急就会紧张。这种感觉，没有病的人是体会不到的。我当时病情严重，脑基底动脉尖梗死，血压忽高忽低，脑神经也受到了损伤，走路上重下轻，不敢迈步。我的两眼向前平视时正常，向斜上、斜下看时，眼前一片黑，走路时，总要小步慢慢地走。那时，我作为一名建筑商，每天上午还要到工地现场处理一些事情，剩下的大部分时间都用来练拳。只要练上了拳，身上就舒服；

一停下来，十分钟后，头就会发紧，走路就不敢迈步子。那段时间，我慢慢地把太极拳的放松融入生活中，每天行走坐卧中都不离放松。我在学拳时，老师就再三强调，要把太极拳带到生活中。那时候我还没有意识到，这时才对老师当年说的话重视起来，对太极拳的道理深信不疑。

我在疗养疾病的实践中，体会到了放松的大用处。就这样，我的身体慢慢地恢复。一年后，脑梗死基本痊愈，血压基本平稳，脑神经方面的问题也大有好转，只是颈椎病还没有完全恢复，经常感觉脖子僵硬、酸痛，走路还是明显感觉上重下轻，视觉也没有完全恢复。接下来，我一如既往地早晚练拳，上下午有时间也练。在练拳时，心里从不想如何疗养疾病，只是本着太极拳的道理去练。在养病这段时间里，我晚上按时睡觉，睡眠很好，上床后全身放松，懒懒地躺卧，闭上两眼就练睡功。每天晚上保证充足的睡眠，早晨起床就练拳。上午工作后，午间休息一小时，下午再接着练拳，直到吃饭。晚饭后，适当活动，练静功、站桩。就这样，我的身体一天天地好起来，四年后，所有的病症基本痊愈。

在这四年里，我运用了太极拳的反观听内、神意内敛的功夫，在练拳过程中，不断地、细心地体会身体实际的变化。这个变化主要是来自全身的放松：松心，松精神，松开周身不带半点拙力，使气血在体内畅通无阻。精神的顺畅、气势的沉着、心里的坦荡，神不外露，使周身松得自然。在疗养的过程中，我将睡眠的功夫练到了一定的水平，达到了说睡就睡，在很短时间内就能进入深睡，到了休息时间，无论走到哪里，坐在凳子上或在车上都可以快速入睡。就这样，睡功加太极拳治好了我的病。

现在我才明白，我学了多年的太极拳，就等于得到了一位良医。我要将这“良医”介绍给大家，与大家共享。

治疗颈椎病

前文已介绍了我个人在一次意外中，严重扭伤了颈椎后，引发了多种疾病。我在用太极拳疗养疾病的过程中，对颈椎病的康复深有体会。那次颈椎扭伤很严重，脖子感觉僵硬，大脑感觉昏胀、不清醒。根据这些症状推断，我是因为颈椎僵硬，导致颈部气血不畅，神经不通。头上的神经一紧，就阻碍了气血的运行，导致身体的上重下轻，脚下走路不稳。我的颈椎不但僵硬，而且十分酸痛，在回头时，就像一个机器人一样，要整个大转身，颈部不敢单独转动。在走路时，我经常将两手交替地捂在脖子上，缓解一下紧的症状。有时感觉十分难受，就揉一揉，一揉就感觉到脖子里边有奇特的响声。在练拳放松时，颈部的感觉就会好很多，一旦拳停了下来，就感觉颈部僵硬不舒服。

可是，总不能整天地练拳，不做其他事情。于是，我就尝试着将太极拳的放松融入生活中。无论做什么事情，走到哪里，都注意心内、周身、颈部的放松，久而久之，就养成了在生活中放松的习惯。在感觉颈部特别不舒服时，我就立刻在颈部一松再松，症状很快就会得到缓解。太极拳的这个松就像灵丹妙药一样灵验。那段时间，我每天都要多打拳放松，来缓解颈椎的症状。

有一天，我在练拳时，突然在脑海中产生了一个动作，我认为利用这个动作可以进一步地治疗我的颈椎。这个动作的做法是由腰开始松开，将身势向前弯曲下来，慢慢地将背部松开，成为一个弓背的形式，再将两胯、两膝略屈。这时，整个的脊柱由腰开始松开，向两个不同的方向松开。这个动作，是通过放松，慢慢地将整个脊柱对拉，将颈部、头部朝前下方松开，其原理是利用自身头部的重量自然产生对拉效果。颈椎松开头朝下，头是有一定重量的，头上的重量松开后，就会将颈部慢慢地牵引开。要注意，这个过程中绝不可用丝毫的力量。整个脊背是弯下来的。这个弯是松出来，形成一个弓形。最高点在弓背处，头部与尾闾是弓形的两个端点。这个动作做出后，可以促使整个脊柱的拉伸、拉长。

我在做这个动作时，脊椎哪个部位不舒服，就将那里成为弓背的高点。弓形的两端的低点，一个朝前下，一个朝后下松开。每次练习，在十分钟左右。练习的时间长短根据病症的轻重来决定，也可以稍长一些。在做这个动作的同时，也可以两臂朝下松开，缓缓地转一转腰，转动转动颈部。要注意，这个动作是松出来的，不是用力量做出来的。我在实际做这个练习时，有时会将身势渐渐向上涨起来，涨到七八分后，再松松地弯下去，反复地练习，目的就是把整个脊柱松开对拉。这个练习一直陪伴我几年的时间，对我的颈椎康复帮助极大。当时我还编了一个顺口溜："弯腰弓背一身松，对拉拔长气血通，看似简单治大病，要领就在动作中。"

现在人们在工作中，静得多，动得少。长时间地伏案工作，姿势动作比较固定，时间一久，就很容易患颈椎病；长时间站立工作的人，时间久了，会腰酸背痛；驾驶员长时间驾车也会产生颈部和背部的疲劳；长时间低头看手机的人们，颈椎也会受到很大伤害。很多人的颈椎都出现了一些或大或小的问题。上面介绍的这个练习，简单易行，工作之余，在狭小的空间里，就可以练习。

经常做这个练习，对于缓解脊柱与颈椎的疲劳、治疗颈椎的疾病，效果很好，对于预防颈椎病的发生也有很好的作用。（注：高血压患者不宜使用此法）

太极拳的养生作用

2010年，我在大连教拳。在教拳的过程中，我经常会给大家讲一些养生的知识。有一次，我在公园里讲课，在场听课的有200多人。那次课大约讲了两个小时。课后，有一个人过来，很礼貌地跟我打招呼："老师，您好！您的养生课讲得很好，我能不能跟您多学习学习？"我说："没问题，我每天都在这里教拳，你可以明天这个时间再过来。"

第二天的教拳时间，他早早地第一个就来到了课堂。通过交流，我了解了他的一些基本情况。他五十多岁，患有比较严重的心脏病，已经安装了支架。还患有高血压、糖尿病和消化系统的疾病。我观察到，他走路上重下轻，说话舌根僵硬，吐字不清。

经过一番交流后，他决定正式跟我学习太极拳。我向他提出了两点要求：一是对我所教的道理和方法，要深信不疑；二是要有恒心，持之以恒地坚持练拳。"这两点要牢记，否则，我再怎么教作用也不大。"他听后，立即表明决心："老师请放心，我一定做到。"

从那以后，我每天单独给他讲养生的道理和方法。在这个过程中，我对他有了进一步的了解。他的生活习惯很不好，作息很不规律。这些不好的习惯对他的身体健康有很大影响。结合他的情况，我给他讲了一些道理："在生活中，我们需要了解内静外动的道理。内静就是要心性沉着、不急不躁。做到这一点，气在内才会完整而充实。这一点是很要紧的。生活中，我们无论外在如何动，内心都不能丢了沉着。这是我们每个人都要重视的。身体的动作，无论大动还是小动，都是与神经相关联的。日常生活中，如果我们的肢体常常处于紧张的状态，肢体的紧张会进一步地使我们的神经紧张。这种紧张若在表面与肢体上，对我们的内脏器官的伤害不大。若心理受到了外在肢体紧张的影响，就会对我们体内的器官大有损伤。太极拳运动特别强调，在内要松静沉着，不急不躁，这样气才能有底劲。血液的循环就靠气的力量推动。"

他听我讲完这些道理，很急切地问："在实际中怎么才能做到这些呢？""比如，拿走路来说，"我边说边迈开步子，走了几圈，"你要注意我走路的味道，我是松着走的。这个松是心里松。在走路时，要切记想着腰。同时，还需要注意，神意不可过于松散，整个身势要有一种自然而端庄的气势。你走路时，上重下轻，脚下不稳。这是由于你的身体僵硬所造成的。要解决这个问题，你要按照下面的方法来做：走路时想着腰，就是想着后腰凹进去的那个位置，并且腰上要有松的意思。腰是人体的枢纽，腰尽量松开了走，这样就可以减少身心的紧张。其实，很多疾病都是和身心的紧张有关的。如果我们每天在行走坐卧中，能注意到心理和身体放松，气血在内自然就会畅旺，循环不断。”

这个道理听起来很简单，如果能够在生活中真正做到，对我们的健康是大有好处的。每个人每天都会走很多的路，一定要重视这个细节。开始按照这种方式走路不是很习惯，坚持十天半个月，就会逐渐养成习惯。养成这样的走路习惯，会影响我们一辈子。这种走路的方式，实际上就是太极拳运动的基本理念在生活中的具体运用。

根据这个学生的情况，我并没有急于教他学习太极拳，而是先将这个走路的方法教给了他，让他每天早晚到公园里走一走，每次的时间不少于一个小时。这个学生很认真地按照我的要求去做了，并且每天都会按时到我这里来学习。一星期后，我看到他走路时，身势还是不完整，有些松散，这说明他走路时还是心里急躁，没有真正松下来。我又向他强调了一遍要领。又过了十天，他走路的姿势有所进步，感觉身上有劲了，也敢迈步子了。不过走路时思想意识对腰的注意不够，眼神向外的意识多了，不够含蓄。于是，我就叮嘱他，在走动时，切记不要忘了腰，不然血压就会居高不下。要让血液畅旺循环起来，腰上的意识是很重要的。在日常生活中，我们的四肢是主动的，腰是被动的。气血在内循环时，由于腰上的被动，动力就会不足，导致气血循环不畅。我们的身体由下至上，由上至下是有距离的。我们的腰处在人体的中部，起到了枢纽的作用。如果腰僵硬，气血在这里就会受阻。将太极拳的道理融入生活中，时时处处去落实，就可以改善这些问题。

当时，我的这个学生多种疾病缠身，这种情况即使对于专业的医生来说，也是很棘手的。太极拳运动在这方面往往会有意想不到的效果。这个学生依照我教他的方法练习一个月后，他的面相、气色都有所改变，消化系统的问题也有所改善，走路也灵便了许多。之后，我开始教他学习太极拳的套路。三个月以后，他的拳就打得比较熟练了。打拳时，可以迈开较大的步子，身势上也有了松软的弹性，之前的各种病症也都有了很大程度的好转。又过了半年，他高兴地跟我说，他现在的身体感觉很好，各方面的病症感觉好了七八分。

现在，他已六十有余，打太极拳已经成为他每天生活中必不可少的一部分。

目前，他身体健康状况很好，心脏功能平稳，血压正常，血糖控制得很好，消化系统也完全恢复了正常，每天心情愉快，脑力清醒。可以说，是太极拳重新给了他一个健康的身体和幸福的生活。

放松与健康

在日常生活中，让我们的身体和精神每天少些紧张、多些放松，对身体的健康是非常有好处的。很多疾病的产生都与紧张有关。在一个人的一生中，不知道有多少时间处在紧张的状态之中。长久地处于紧张状态，对身体健康的影响是很大的。

长时间的疲劳工作，作息时间不规律，休息得不好，会导致脑神经紧张。脑神经紧张后，就会影响脑部的血液循环，引起睡眠质量下降、记忆力衰退等问题，还有可能引发高血压。

工作和生活中，如果我们考虑事情过多，心里就会紧张，心里一紧张就会阻碍气血的运行。时间久了，就会引起胸闷、憋气等多种不良的感觉，严重时，心脏会产生异常的反应，容易导致心脏病的发生。

我们在每天的生活中，由于处事不当，或性格急躁，或经常发怒，就会经常不知不觉陷入紧张的状态之中。这个紧张即使持续时间不长，但如果发生频率过高，就会影响到心脑血管的健康，同时，也会伤及内脏器官。生活中，周围经常会有人说，今天我生了气，气得我头昏脑涨，心里很不舒服。这就是人生气后，造成脑神经高度紧张的结果。

一个人神经经常处于紧张状态，不仅会诱发很多种疾病，而且心智也会受到影响，容易失去理智而做出错误的判断。高度的紧张对人体健康的危害极大。若能创造良好的环境，减少心脑紧张的发生，使气血畅通，就会大大减少疾病的发生。

如果我们在生活中经常紧张，每一次紧张，身心就会受到一次伤害。我们这辈子不知道有多少次的紧张，不知道身心经受了多少次的伤害。长时间紧张，就好像是让我们的身心被一条看不见的绳索天天捆着。身心持续遭受折磨，慢慢就会产生疾病。

我们要解开这条无形的绳索，就要放松。太极拳的运动以松柔为本，练习太极拳，就可以让我们处在松柔的状态中。经常练拳，就可以让我们远离紧张，长时间的放松，会让气血畅通，对身心健康会大有好处。

太极拳的放松和我们通常所说的放松是很不相同的。这个松是无止境的，是无处不在的，是无形式的松。举个例子说，这个松的感觉就好似寺庙里和尚敲的大钟，钟响后所发出长鸣的声音。这个长鸣的声音，就好比我们在心中松的意识，这个意识是没有断续的。我们若在松时，想象着如何松，一想再想就会断续，就难免有轻有重。松在心里是常鸣常应的，这样的放松状态下，自然就丢了紧张。人的身心丢了紧张后，就会感觉到心脑的清醒、精神的饱满。如果我们能够重视放松，健康就自在其中。

练习太极拳改变体质

太极拳运动可以让弱者复强，老者复壮。

我教太极拳多年，学生身体素质各不相同，年龄跨度也很大。下面就讲几个我身边实际的例子，简单介绍一下他们跟我学拳的过程，以说明太极拳运动在改变练拳者体质方面的作用。

在我的学生中，有一人跟我学拳时年龄四十二岁。刚刚开始学拳时，他的身体很瘦弱，体重与身高明显不相称，身体很单薄，气血很是虚弱，说起话来底气不足。除此之外，他的身体倒没什么大的毛病。根据他的情况，我就先教他练无极桩，练一段时间，等到体质有所强壮后，再教套路。他接受了我的意见，从头学起，循序渐进。他学得很用心，我教得也用心。在教与学的过程中，不断纠正姿势动作，讲解太极拳的道理，理与法的教学同时进行。在这个过程中，他的身体状况逐渐有所改善，体重也逐渐趋于正常。三年后，他的体质发生了很大的改变，精神状态比较充实，说起话来也有了底劲。有一天，这个学生问我："老师，我现在的身体感觉很好，与过去相比有明显强壮的感觉。是什么原因使我的体质改变这么大？"我说："你从第一天学拳到现在，经历了三年的时间，才让你的身体强壮起来。在这三年里，你经受住了太极拳对你的磨炼。虽说三年的时间不算长，但这三年里你始终处在松柔稳静的环境中，就是这个环境与练功的身体力行，改变了你的体质，你才有现在的体会。太极拳的运动，看似缓慢，而正是这个慢才起到了养心、养气、养身的作用。通过放松，让身体变得松软，气血在内自然就流畅了，各方面的机能也就活跃起来，慢慢地由内到外就改变了一个人的体质。"

几年前，有位拳友找到我，说要跟我学拳。我见是熟人，也没有推辞就应了下来。他跟我学拳时，已经五十九岁了。走路时，腰身、脊梁向上挺，身体的关节有些僵硬，大脑反应有些迟钝，说话舌根发硬，虽说年龄不是很大，但有一些明显的老年病症。我在教他练拳时，发觉他的记忆力很差，在学习动作要领时，我反反复复地教，他却总记不住。其他学生见此情形问我："师父，您这位拳友能学会太极拳吗？"我回答说："能，但前提是他要有决心，用心学，用心练。"教太极拳就像医生看病一样，要对症下药，要根据学拳人身体条件的不同，用不同的方法去教。我教他学了三个月，进展不大。有一天他就问我："老师，您看我还能学好太极拳吗？"我笑了笑说："你现在这样的心理是学不会太极拳的。"他听后问我："那要有怎样的心理条件才能学好太极拳？"我见他有些灰心，就对他说："你想要学好太极拳，就一定要有决心。下定决心后去努力学，认真练。"他很不自信地跟我说："太极拳太难了，实在是没有信心学好。"我说："不是太极拳难，而是你在学拳时心里急于求成，想在短时间里学好，你这样的心理是违背太极拳道理的。这样的心态是很难学好太极拳的。太极拳之所以能健身，就是练习者在学习过程中，不断克制急躁情绪，慢慢地松软下来，让身体的器官机能焕然一新。你现在的身体出现了衰老的迹象，原因是你在日常生活中，只知道向前去求，不知向反方向放松。要延缓衰老，就要下定决心学练太极拳，改善你的身体状况。"从那以后，他下定了决心，摒弃急躁，每天跟我学拳，两年后，身体健康状况大有好转。四年后，身体已经非常好了，他走路脚步轻快，身体灵便，气色很健康。又过半年，他的太极拳有了一个比较扎实的基础，开始跟我学推手功夫，在化劲与发劲上打下了基础。他现在身心健康，太极拳已成为他健康的支柱。

我们周围，患消化系统疾病的人很多。在我的学生中，就有几个消化系统不好，吃东西怕凉、怕辣，饮食稍有不慎，很快肠道就有反应，症状极为明显。在他们跟我学习太极拳几年之后，在不知不觉中，消化系统的问题就恢复了正常。

练太极拳对于高血糖、高血压也是很有疗效的。有一个学生，在跟我学拳时，这两项指标都很高，学拳一年半后，这两项指标就恢复了正常。在我的学生中，有各方面指标异常者不在少数。一般学拳一两年后，都有明显的好转，百分之八十以上都可恢复健康。

还曾经有一个患脑中风的人，经人介绍找到了我，要跟我学太极拳。他那时四十九岁，见到我时，整个人的精神状态很不好。他在两年前患脑中风，病好后，所幸肢体没有留下后遗症，但脑子经常不清醒，血压忽高忽低，心脏也时常感到不舒服。我跟他说："你想要通过学太极拳改变身体的问题，首先要能做到持之以恒。"他说："这一点我能做到。"他告诉我，在过去的两年里，他试过很多治疗方法，但身体都没有什么好转，现在是抱着很大的希望来学习太极拳的。我跟他强调：“你要依靠太极拳治疗你的病症没有问题，但在学拳时，一定不能急于求成。我教你拳时，是本着太极拳基本道理教你，你在练习时，不可违背太极拳的道理。学习太极拳最忌心急，一急就松不下来。我们要知道，有许多病都是由心急产生的。太极拳运动是以锻炼精气神为主。我们在练拳时，或在日常生活中，行走坐卧都需注意心里要松静沉着，这样意气就不会上浮。时间一久就自会安于自身。许多心脑方面的疾病都是与心浮气躁相关。我们要在每天的生活中，拿出一点时间，感觉一下心脑与精气神是否长时间处在浮躁与紧张中。我们的神意不能过于向外，也不能压制于内，以自然关注为好。这就需要我们的心里，有一个天平，时时注意协调与平衡。人的身体健康主要是来自身体各方面的平衡。”他接受了我所讲的道理，用心学拳、练拳，脑中风的后遗症很快就消失了，现在的身体情况很好，对太极拳的信心也更加坚定。在我的学生中，有好几个心脑血管异常的，经过了几年的练习，身体都恢复到了健康状态。

太极拳给很多人带来了健康，让很多失去健康的人重新焕发了青春。希望越来越多的人能够去了解太极拳，学习太极拳！

张义敬老师的养生方法

我的老师张义敬先生，今年已经九十三岁了，身体还很硬朗，脑力清醒，心理状态很好，反应极其灵敏。老师每天都在练习太极拳的静功。静功很适合老年人练习，原因是老年人体能下降，练习动功力不从心。老师练习静功，躺着练，坐着练，有时也靠在椅子上练，方法是意守丹田。每次练功时丹田会发热，直到丹田里的热量传到了周身，到达四肢。这样的练习每次需要几十分钟。

三年前老师曾对我说，阎王爷要和他算总账了。我问老师是怎么一回事，他说他感觉丹田里空了，气到了上面，走路脚下无根，上重下轻。这是老年人夕阳西下之前的感觉。可是我的老师现在的身体，比三年前还要好。我就问老师这是什么原因。他说：“我在这三年里每天都练静功意守丹田，现在我的丹田又恢复到了过去的样子。”太极拳讲气沉丹田，这个功夫要时时注意与体会。气是人体内的能量，老论中说，“气以直养而无害，劲以曲蓄而有余”，意思是说，人的内气不能向外耗散。

老师读了一辈子的书，学识渊博，所以在太极拳的道理上领悟极深，讲解起来比较客观，从不夸大其词，故弄玄虚。老师在论述道理时，善于形容。他说太极拳理高深莫测，需要每一个练习者细心体悟其中之理。我跟老师学拳二十余年，对老师说的话深有体会。老师说："太极拳有理有法，这种运动是十分符合自然规律的。所以我们练了太极拳就能身心健康，延年益寿。我虽说九十有余，我现在的感觉，在平日的生活中，身体时时都很舒适。这是我练习太极拳多年，将自身的拙力松开化净，在内生出了灵觉。这个灵觉就是无极而后自然产生的能量。这个道理听起来深奥，其实不然，只要我们在练拳时和生活中，全身放松，一松再松，久而久之，就自会达到无极的境界。这是自然而然的事。我希望你们将太极拳的功夫传下去，使更多的人得到健康。"

拳　架

杨氏太极拳115式简介

练武不练功，到老一场空。杨氏太极拳历代名家在拳上都下了一定功夫。杨氏太极拳传统套路较长，这样可以使习练者在练拳的过程中，容易松得进去，静得下来，若套路短了就不容易达到这个效果。杨氏太极拳115式，是由师爷李雅轩所传，我跟随张义敬老师学拳二十余年，对这趟拳有比较深的体会。若想打下太极拳内劲的基础，就要下功夫去练拳，多去在演练拳架的过程中反复体会内劲的道理。师爷李雅轩在内劲功夫上曾说过："硬劲不如僵柔劲，僵柔劲不如松沉劲，松沉劲不如轻灵劲，轻灵劲不如虚无劲。"这是老人家在太极拳内劲功夫上的经典论述。这就告诉我们，功夫是一步一步练出来的。初学太极拳要从一点一滴开始，应注意每个姿势动作的形成，注意动作方向和身体重心的变化。在动作转换的过程中，以不间断为好，不可急于求成。拳中各方面的道理在本书已有较为全面的论述，若学者用心体会不难明白其中之意。

此部分结合拳照，对杨氏太极拳115式的动作进行了说明，仅供读者参考。

第一段

1. 预备势

面向正南，身心立稳，自然站立，两脚距离与肩同宽。拳意要笼罩周身。在身法要领上，拳意要留意于腰，上要顶头竖脊，下要松腰沉胯，两臂自然下垂。拳意由两肩行于手指。心中松开，脑力清醒，以自然为好。（图1）

2. 起势

在预备式的基础上，两臂松松掤起，拳意由两肩行于手指。要注意腰，上要顶头竖脊，下要松腰沉胯。拳意在身内由上松松沉下，根力由脚下自会向上一气贯串。（图 2）

图1

图2

两臂松松收回至胸前。上要顶头竖脊，下要松腰沉胯。拳意在身内，由上至下，松沉不止，根力由下至上一气贯串。（图 3）

两臂松开下落至身体两侧。拳意由两肩行于手指。周身松开，身心立稳，拳意留意于腰间。（图 4）

图3

图4

3. 掤手上势

在前一动作基础上，身势略屈，以腰为轴，向右转动。同时，右臂掤起，左臂在下松松掤开。重心缓缓移至右脚。左虚脚提起，跟进半步。（图 5）

周身松开，提左脚向南稍偏西方向开步。同时，两臂掤于胸前。然后，身势松开下沉，两臂随身势前后松松掤开，重心由右脚渐移至左脚，呈弓箭步。（图 6）

图5

图6

以腰为轴身势向左松松转动。同时，提右脚至左脚踝内侧，脚尖点地。左臂在上松松掤起，右臂在下呈弧形，松松掤开。动作完成后，目视右斜下方，面向正西。（图 7）

图 7

身势略屈，提右脚向正西方开步。松腰塌胯，顶头竖脊，以腰为轴，身势右转。重心由左脚渐移至右脚，呈弓箭步。两脚横向距离约为两拳，后脚尖内扣45°。两臂随腰转动，经胸前转至与右脚方向一致，松松掤圆沉下。动作完成后，眼神与右手方向一致。（图8）

图8

4. 揽雀尾

（1）掤

在前一动作基础上，以腰为轴，身势略向右转，左臂在胸前掤起，右臂在右侧松松掤起。周身松开。（图9）

（2）捋

转腰坐胯，重心由右脚移至左脚。两臂松松掤起，随腰身转动。左臂在下，呈半圆形。右臂在前上方，呈弧形松开沉下。动作完成后，重心在左腿，眼神在左手。（图10）

图9　　图10

（3）挤

由腰带动两臂向左略转，重心后移。左臂向后画弧再翻转向上，沉于左肩外侧。同时，右臂翻转，掌心向内。然后，腰向右略转，身势下沉，重心前移至右脚，呈弓箭步。同时，左手松开前行，左掌根搭于右腕脉门处。动作完成后，周身松开，目视正西。（图 11）

（4）按

松腰沉胯，身势重心后坐。同时，胸部松开，在上之两臂松沉于左右。动作完成后，眼神虚虚朝前下方。（图 12）

图11　　图12

身势由腰部松开下沉。重心缓缓前移至右脚，呈弓箭步。在上之两臂松肩沉肘，随身势下沉松开向前按出。动作完成后，目视正西。（图 13）

图 13

5. 单鞭掌

在前一动作基础上，身势松开，以腰为轴向左沉转，带动两臂经胸前到达左侧。同时，重心移至左脚，右脚尖内扣。眼神与动作互相配合。（图 14）

身势松开，以腰为轴，向右沉转。右手变勾手，随同转腰向右侧挂出。左手随之移至右肩窝处。同时，重心从左脚渐移至右脚，左脚

收回至右脚踝内侧，脚尖点地。动作完成后，眼神与右勾手方向一致。（图 15）

图14

图15

身势略向下松。提左脚，向正东方向开步。随之，身势松开下沉，重心由右脚移至左脚，呈弓箭步。同时，左手随胸部松开，向正东方按出，右勾手向正西方舒展掤起。动作完成后，眼神与左手方向一致。（图 16）

图16

6. 提手上势

在前一动作基础上，身势向下松开，两臂松于身体两侧，略掤开呈弧形。左脚尖略向里扣，重心由右脚移至左脚，右脚收回，身势重心在左腿沉下。同时，两手、两臂与右脚掤起，右脚向前开半步。两臂合拢于胸前，松开掤起呈弧形，右手在前，左手在后。动作完成后，左脚为实，右脚为虚，目视正南方。（图 17）

图17

7. 白鹤亮翅

在前一动作基础上，身势松开，以腰为轴，向左转动。右脚内扣，左脚外摆。两臂随转腰收回，右臂在下，右手收至左胯前侧。左臂在上，左手搭于右肘处，两臂同时松开掤圆沉下。重心在左，以腰为轴，再微向右回转，右脚收回，右膝朝向东南。动作完成后。目视向东南前下方。（图 18）

身势略屈，提右脚，向东南方向开步。身势松开下沉，重心由左脚渐移至右脚，呈弓箭步。两臂松开掤圆。动作完成后，目视东南。（图 19）

身势松开，重心缓缓前移至右脚。提左脚，向正东开半步，两臂在胸前松开。右臂向右上方掤起，左臂在左侧向下松沉。立身中正，身心同时松开。动作完成后，目视正东。（图 20）

图18　　图19　　图 20

8. 右搂膝拗步掌

在前一动作基础上，身势松开，以腰为轴，向右沉转。在上之右臂松松沉下，两臂随转腰向右后方捋带，右臂向右后方舒展掤起，左臂在胸前呈弧形松开沉下。左虚脚收回至右脚踝内侧，脚尖点地。动作完成后，目视正东前下方。（图 21）

身势略松略屈。提左脚向正东方开步。身势向左沉转，重心由右脚渐移至左脚，呈弓箭步。两脚横向距离约两拳。两臂随腰转动，左手向下经左膝上方，至左腿外侧按下。右臂松肩沉肘，由右后方收回，右掌经耳旁向前松松按出。动

作完成后，周身放松，立身中正，目视正东。（图 22）

图21

图22

9. 手挥琵琶式

在前一动作基础上，身势松开，重心前移至左脚，右脚跟进半步，脚尖虚虚点地。（图 23）

身势略屈，右脚落下，重心由左脚移至右脚。松腰坐胯，立身中正。左手由下至上掤起，两臂合于胸前，左手在前，右手在后。右掌指尖近于左肘处。左虚脚在前，脚跟着地。动作完成后，目视正东。（图 24）

图23

图24

10. 右搂膝拗步掌

在前一动作基础上，身势松开，以腰为轴，向右沉转。两臂随转腰向右后方捋带，右臂向右后方舒展掤起，左臂在胸前呈弧形松开沉下。左虚脚收回至右脚踝内侧，脚尖点地。动作完成后，目视正东前下方。（图 25）

身势略松略屈。提左脚向正东方开步。身势向左沉转，重心由右脚渐移至左脚，呈弓箭步。两脚横向距离约两拳。两臂随腰转动，左手向下经左膝上方，至左腿外侧按下。右臂松肩沉肘，由右后方收回，右掌经耳旁向前松松按出。动作完成后，周身放松，立身中正，目视正东。（图 26）

图25　　图26

11. 左搂膝拗步掌

在前一动作基础上，身势松开，以腰为轴，向左沉转。两臂随转腰向左后方捋带，左臂向左后方舒展掤起，右臂在胸前呈弧形松开沉下。右虚脚收回至左脚踝内侧，脚尖点地。动作完成后，目视正东前下方。（图 27）

身势略松略屈。提右脚向正东方开步。身势向右沉转，重心由左脚渐移至右脚，呈弓箭步。两脚横向距离约两拳。两臂随腰转动，右手向下经右膝上方，至右腿外侧按下。左臂松肩沉肘，由左后方收回，左掌经耳旁向前松松按出。动作完成后，周身放松，立身中正，目视正东。（图 28）

图27　　图28

12. 右搂膝拗步掌

在前一动作基础上，身势松开，以腰为轴，向右沉转。两臂随转腰向右后方捋带，右臂向右后方舒展掤起，左臂在胸前呈弧形松开沉下。左虚脚收回至右脚踝内侧，脚尖点地。动作完成后，目视正东前下方。（图 29）

身势略松略屈。提左脚向正东方开步。身势向左沉转，重心由右脚渐移至左脚，呈弓箭步。两脚横向距离约两拳。两臂随腰转动，左手向下经左膝上方，至左腿外侧按下。右臂松肩沉肘，由右后方收回，右掌经耳旁向前松松按出。动作完成后，周身放松，立身中正，目视正东。（图 30）

图29　　图30

13. 手挥琵琶势

在前一动作基础上，身势松开，重心前移至左脚，右脚跟进半步，脚尖虚虚点地。（图 31）

身势略屈，右脚落下，重心由左脚移至右脚。松腰坐胯，立身中正。左手由下至上掤起，两臂合于胸前，左手在前，右手在后。右掌指尖近于左肘处。左虚脚在前，脚跟着地。动作完成后，目视正东。（图 32）

图31

图32

14. 右搂膝拗步掌

在前一动作基础上，身势松开，以腰为轴，向右沉转。两臂随转腰向右后方捋带，右臂向右后方舒展掤起，左臂在胸前呈弧形松开沉下。左虚脚收回至右脚踝内侧，脚尖点地。动作完成后，目视正东前下方。（图 33）

图33

身势略松略屈。提左脚向正东方开步。身势向左沉转，重心由右脚渐移至左脚，呈弓箭步。两脚横向距离约两拳。两臂随腰转动，左手向下经左膝上方，至左腿外侧按下。右臂松肩沉肘，由右后方收回，右掌经耳旁向前松松按出。动作完成后，周身放松，立身中正，目视正东。（图 34）

图34

15. 进步搬拦捶

在前一动作基础上，身势松开，以腰为轴，向左沉转。两臂由胸部向左右松开，左掌心向上，右掌变拳，拳心向上。腰部向左转动不停，重心移至左腿。然后，提起右脚，向前开半步，右脚外摆，身势向右微转，重心前移至右脚。两臂随之合拢于胸前，左手手心向下，搭于右前臂处。两臂在胸前松松掤开。动作完成后，面向正东。（图 35）

身势略屈，提左脚收至右脚踝内侧，脚尖点地。两臂由胸部前后松开，左臂在胸前呈弧形掤起，右臂松肩沉肘，右拳下沉收至右肋侧。动作完成后，身心一体松开，两眼眼神虚虚微含，面向正东。（图 36）

图35

图36

屈身提左脚向正东开步，身势向左沉转，重心由右脚渐移至左脚，呈弓箭步。同时，两臂松肩沉肘，右拳向前松出。左掌近于右肘处，指尖向上。周身完整松开。动作完成后，目视正东。（图 37）

图 37

16. 如封似闭

在前一动作基础上，身势松开，重心后坐于右腿。左掌经右腋下穿过。右拳变掌，掌心向上。动作完成后，面向正东。（图 38）

两臂松肩沉肘，由胸部向左右两侧松开沉下。胸部含蓄，背要上拔，眼神虚虚收回。动作完成后，面向正东。（图 39）

图38

图39

松腰沉胯，重心由右脚前移至左脚，呈弓箭步。同时，两臂松肩沉肘，两掌向前松松按出。身势松沉，立身中正。动作完成后，目视正东。（图 40）

图 40

17. 十字手

在前一动作基础上，松腰沉胯，顶头竖脊，以腰为轴，身势右转。两臂随同转腰向上左右松开掤起，左脚微内扣，右脚外摆，两脚成外八字。动作完成后，周身松开，面向正南。（图 41）

身势松开下沉，两臂随之下落于肩侧。面向正南。（图 42）

图41

图42

身势继续松沉，两臂继续下落近于两膝。臀部微收，胸部含蓄，背部圆满。眼神虚虚收回，面向正南。（图 43）

重心左移，右脚略收回落下，两脚距离与肩同宽。两手随之合于胸前交叉掤起，掌心向内。同时，意气在内下沉不止，身势源源不断升起。升起后，自然松开站立。动作完成后，两眼如半睡状，面向正南。（图 44）

图43

图44

第二段

18. 豹虎归山

在前一动作基础上，身势左转，右脚跟提起，重心移至于左腿。左手向东南方掤出，掌心向内，右臂在胸前呈弧形掤圆。眼神注意左手。（图 45）

身势略屈，提右脚向右后西北方倒插开步。同时，松腰沉胯，身势向右后方转动，重心由左脚渐移至于右脚，呈弓箭步。两臂随之转动，右手在下，平腰松开，经右膝上方至右胯外侧。左臂在上，松肩沉肘，由左侧收回，经左耳旁向西北方按出。动作完成后，目视西北。（图 46）

图45

图46

19. 斜揽雀尾

（1）掤

在前一动作基础上，以腰为轴，身势略向右转，左臂在胸前掤起，右臂在右侧松松掤起。周身松开。（图 47）

（2）捋

转腰坐胯，重心由右脚移至左脚。两臂松松掤起，随腰身转动。左臂在下，呈半圆形。右臂在前上方，弧形松开沉下。动作完成后，重心在左腿，眼神在左手处。（图 48）

图47

图48

图49

（3）挤

由腰带动两臂向左略转，重心后移。左臂向后画弧再翻转向上,沉于左肩外侧。同时，右臂翻转，掌心向内。然后，腰向右略转，身势下沉，重心前移至右脚，呈弓箭步。同时，左手松开前行，左掌根搭于右腕脉门处。动作完成后，周身松开，目视西北。（图 49）

（4）按

松腰沉胯，身势重心后坐。同时，胸部松开，在上之两臂松沉于左右。动作完成后，眼神虚虚朝前下方。（图 50）

身势由腰部松开下沉。重心缓缓前移至右脚，呈弓箭步。在上之两臂松肩沉肘，随身势下沉松开向前按出。动作完成后，目视西北。（图 51）

图50

图51

20. 斜单鞭掌

在前一动作基础上，身势松开，以腰为轴向左沉转，带动两臂经胸前到达左侧。同时，重心移至左脚，右脚尖内扣。眼神与动作互相配合。（图 52）

图52

身势松开，以腰为轴，向右沉转。右手变勾手，随同转腰向右侧挂出。左手随之移至右肩窝处。同时，重心从左脚渐移至右脚，左脚收回至右脚踝内侧，脚尖点地。动作完成后，眼神与右勾手方向一致。（图 53）

身势略向下松。提左脚，向西南方向开步。随之，身势松开下沉，重心由右脚移至左脚。同时，左手由胸部松开，向西南方按出，右手向东北方舒展掤起。动作完成后，眼神与左手方向一致。（图 54）

图53

图54

21. 肘底捶

在前一动作基础上，向左沉转，重心后坐，左脚外摆。两臂随腰转动。随后，身势松开略屈，重心再移回左脚。（图 55）

图55

屈身左转，重心在左腿，提右脚向正西方横跨半步，脚尖着地落下。身势沉下，左掌朝向正东，右勾手朝向正西。（图 56）

重心后坐于右腿，两臂收回至胸前。左前臂竖起，指尖向上。右手握拳，合于左肘底，两臂松沉。左脚略收回，脚跟着地。动作完成后，目视正东。（图 57）

图56

图57

图58

22. 右倒撵猴

在前一动作基础上，略向右转腰坐胯。两臂由胸部向东西方向松开舒展掤起，左脚前脚掌着地，周身松开。（图 58）

身势向左后方沉转。提左脚，向后（正西方）倒插开步，重心移至左腿。左臂松开，左掌心向上。右臂松肩沉肘，右掌收至右耳旁。目视正东。（图 59）

身势向左沉转。两臂松开随腰转动，右掌向前方按出，左掌收回至左肋处。右脚摆正，重心坐于左腿。动作完成后，目视正东。（图 60）

图59

图60

23. 左倒撵猴

在前一动作基础上，略向左转腰坐胯。两臂由胸部向东西方向松开舒展掤起，右脚前脚掌着地，周身松开。（图 61）

图61

身势向右后方沉转。提右脚，向后（正西方）倒插开步，重心移至右腿。右臂松开，右掌心向上。左臂松肩沉肘，左掌收至左耳旁。目视正东。（图 62）

身势向右沉转。两臂松开随腰转动，左掌向前方按出，右掌收回至右肋处。左脚摆正，重心坐于右腿。动作完成后，目视正东。（图 63）

图62

图63

图64

24. 右倒撵猴

在前一动作基础上，略向右转腰坐胯。两臂由胸部向东西方向松开舒展掤起，左脚前脚掌着地，周身松开。（图 64）

身势向左后方沉转。提左脚，向后（正西方）倒插开步，重心移至左腿。左臂松开，左掌心向上。右臂松肩沉肘，右掌收至右耳旁。目视正东。（图 65）

身势向左沉转。两臂松开随腰转动，右掌向前方按出，左掌收回至左肋处。右脚摆正，重心坐于左腿。动作完成后，目视正东。（图 66）

图65

图66

25. 斜飞势

在前一动作基础上，略向左转腰坐胯。两臂由胸部向东西方向松开舒展掤起，右脚前脚掌着地，周身松开。（图 67）

身势松开沉下。同时，将两臂收回，左臂在上，右臂在下，合于胸前掤圆。右脚收至左脚踝内侧，脚尖点地。动作完成后，目视右后方，周身松开，身势虚含。（图 68）

图67

图68

屈身提右脚向西南方向倒插开步。转腰沉胯，左脚内扣，右脚摆正。重心由左脚渐移至右脚，松松沉下，呈弓箭步。两臂由胸部前后松开，右手向前上方掤开沉下，左手向后下方松开沉下。动作完成后，眼神与右手方向一致，朝向西南。（图 69）

图69

26. 提手上势

图 70

在前一动作基础上，身势松开略屈，重心前移，左脚跟进半步，随之重心重新回至左腿。左臂由后下方收回至胸前。右手与右脚同时略收回，右脚放下，朝向正南。两臂合拢于胸前，右手在前，左手在后，松松沉下。动作完成后，左脚为实，右脚为虚，目视正南方。（图 70）

27. 白鹤亮翅

在前一动作基础上，身势松开，以腰为轴，向左转动。右脚内扣，左脚外摆。两臂随转腰收回。右臂在下，右手收至左胯前侧。左臂在上，左手搭于右肘处，两臂同时松开掤圆沉下。重心在左腿，以腰为轴，再微向右回转，右脚收回，脚尖朝向东南。动作完成后。目视东南前下方。（图 71）

身势略屈，提右脚，向东南方向开步。身势松开下沉，重心由左脚渐移至右脚，呈弓箭步。两臂松开掤圆。动作完成后，目视东南。（图 72）

图71

图72

身势松开，重心缓缓前移至右脚。提左脚，向正东方开半步，两臂在胸前松开。右臂向右上方掤起，左臂在左侧向下松沉。立身中正，身心同时松开。动作完成后，目视正东。（图 73）

图73

28. 右搂膝拗步掌

在前一动作基础上，身势松开，以腰为轴，向右沉转。在上之右臂松松沉下，两臂随转腰向右后方捋带，右臂向右后方舒展掤起，左臂在胸前呈弧形松开沉下。左虚脚收回，至右脚踝内侧，脚尖点地。动作完成后，目视正东前下方。（图 74）

身势略松略屈。提左脚向正东方开步。身势向左沉转，重心由右脚渐移至左脚，呈弓箭步。两脚横向距离约两拳。两臂随腰转动，左手向下经左膝上方，至左腿外侧按下。右臂松肩沉肘，由右后方收回，右掌经耳旁向前松松按出。动作完成后，周身放松，立身中正，目视正东。（图 75）

图74

图75

29. 海底针

在前一动作基础上，重心前移，右脚跟进半步，脚尖点地。右掌在上，左掌在下。重心沉于左腿。（图 76）

图76

重心回坐于右腿，两手臂随之收回。右臂在上，弧形掤起，左臂在下收于胸前，呈弧形。左脚尖虚虚点地，周身放松。（图 77）

向下屈身，右掌向前下方松开出掌，指尖向下，左掌近于右肘处，重心在右脚，左脚虚虚点地。周身松开，眼神与右掌方向一致。（图 78）

图77

图78

30. 扇通臂

在前一动作基础上，沉胯展腰。右臂上提掤起，左臂在胸前沉肩坠肘弧形掤起。重心在右腿，左脚尖虚虚点地，周身松开。（图 79）

屈身提左脚向正东方向开步，松腰沉胯，重心由右脚渐移至左脚，呈弓箭步。两臂由胸前松开，右掌外旋向上掤起；左掌向前松松按出。目视正东。（图 80）

图79

图80

31. 翻身撇身捶

在前一动作基础上，松腰沉胯，腰微向右转，面向正南。两臂随腰转动，右掌变拳由头上经面前沉下至胸前，左掌向上掤起过头，再由面前沉下至胸前。两臂合于胸前，左臂在上，右臂在下。左脚尖微内扣，右脚尖微向外摆，两脚呈外八字。周身松开，身势下坐，呈马步。动作完成后，面向正南。（图 81）

图81

身势松开下沉，重心移至左脚，右脚尖内扣。左掌向左上方松开掤起呈弧形，右拳在胸前向下松开微向里合，身势微屈沉下。目视右下方。（图 82）

图82

身势略屈。提右脚向右后西北方倒插开步。转腰坐胯，左脚内扣，右脚摆正，重心下沉移至右脚，呈弓箭步。同时，右拳向西北方松松撇出沉下，左掌收于左耳旁。（图 83）

松腰沉胯，右拳收回至右肋处。左掌同时向西北方松松按出。眼神与左掌方向一致。（图 84）

图83

图84

32. 卸步搬拦捶

在前一动作基础上，腰向左转，重心移至左腿。右脚微向内扣，右拳向右侧松开，随转腰摆至体前。左臂在胸前弧形松开掤起。周身松开，眼神与右手方向一致。（图 85）

图85

松腰屈身，提右脚向前开半步，脚尖外摆。随后，重心移至右脚，右拳由下至上，经胸前翻转，拳心向上，左掌近于右肘处。左脚脚尖着地，周身松开。动作完成后，面向正西。（图 86）

身势略屈，提左脚收至右脚踝内侧，脚尖点地。两臂由胸部前后松开，左臂在胸前呈弧形掤起，右臂松肩沉肘，右拳下沉收至右肋处。身心一体松开，两眼眼神虚虚微含。（图 87）

图86

图87

屈身提左脚向正西开步，身势向左沉转，重心由右脚渐移至左脚，呈弓箭步。同时，两臂松肩沉肘，右拳向前松出。左掌近于右肘处，指尖向上。周身完整松开。动作完成后，目视正西。（图 88）

图88

33. 上势

在前一动作基础上，身势松开，腰向左转，左脚尖微向外摆。身势略屈，提右脚上步，收至左脚踝内侧。两臂由胸前松开，左臂向左后方松松掤起，右拳变掌下落至体前左胯处。动作完成后，面向正西，目视前下方。（图 89）

身势略屈，提右脚向正西方开步。松腰塌胯，顶头竖脊，以腰为轴，身势右转。重心由左脚渐移至右脚，呈弓箭步。两脚横向距离约为两拳，后脚尖内扣 45° 。两臂随腰转动，经胸前转至与右脚方向一致，两臂松松掤圆沉下。动作完成后，目视正西。（图 90）

图89

图90

34. 揽雀尾

（1）掤

在前一动作基础上，以腰为轴，身势略向右转。左臂在胸前掤起，右臂在右侧松松掤起，周身松开。（图 91）

（2）捋

转腰坐胯，重心由右脚移至左脚。两臂松松掤起，随腰身转动。左臂在下，呈半圆形。右臂在前上方，弧形松开沉下。动作完成后，重心在左腿，眼神在左手处。（图 92）

图91

图92

（3）挤

由腰带动两臂向左略转，重心后移。左臂向后画弧再翻转向上，沉于左肩外侧。同时，右臂翻转，掌心向内。然后，腰向右略转，身势下沉，重心前移至右脚，呈弓箭步。同时，左手松开前行，左掌根搭于右腕脉门处。动作完成后，周身松开，目视正西。（图 93）

图93

（4）按

松腰沉胯，身势重心后坐。同时，胸部松开，在上之两臂松沉于左右。动作完成后，眼神虚虚朝前下方。（图 94）

身势由腰部松开下沉。重心缓缓前移至右脚，呈弓箭步。在上之两臂松肩沉肘，随身势下沉松开向前按出。动作完成后，目视正西。（图 95）

图94

图95

35. 单鞭掌

在前一动作基础上，身势松开，以腰为轴向左沉转，带动两臂经胸前到达左侧。同时，重心移至左脚，右脚尖内扣。眼神与动作互相配合。（图 96）

图96

身势松开，以腰为轴，向右沉转。右手呈勾手，随同转腰向右侧挂出。左手随之移至右肩窝处。同时，重心从左脚渐移至右脚，左脚收回至右脚踝内侧，脚尖点地。动作完成后，眼神与右勾手方向一致。（图 97）

身势略向下松。提左脚，向正东方向开步。随之，身势松开下沉，重心由右脚移至左脚，呈弓箭步。同时，左手由胸部松开，向正东方按出，右勾手向正西方舒展掤起。动作完成后，眼神与左手方向一致。（图 98）

图97

图98

36. 右云手

在前一动作基础上，身势松开，左脚微内扣，重心移至左腿，右脚收回并步。同时，右勾手变掌松开向下，再向上掤起至胸前。左掌在左侧松开沉下。动作完成后，目视右侧，周身松开。（图 99）

图99

图100

37. 左云手

在前一动作基础上，腰向右转，身势略屈，重心移至右腿。提左脚向左横开半步。右臂松开下落至体侧，左臂向上掤起至胸前。随后腰向左微转。动作完成后，目视左侧。（图 100）

38. 右云手

在前一动作基础上，身势松开，重心移至左腿，右脚收回并步。同时，右掌向上掤起至胸前，左掌在左侧松开沉下。动作完成后，目视右侧，周身松开。（图 101）

39. 单鞭掌

在前一动作基础上，腰向右转，左脚向左横开半步。同时，松腰沉胯，腰再向左转，重心移至左脚，右脚尖内扣。两臂随转腰经胸前摆至左侧，眼神与动作互相配合。（图 102）

图101

图102

身势松开，以腰为轴，向右沉转。右手变勾手，随同转腰向右侧挂出。左手随之移至右肩窝处。同时，重心从左脚渐移至右脚，左脚收回至右脚踝内侧，脚尖点地。动作完成后，眼神与右勾手方向一致。（图 103）

身势略向下松。提左脚，向正东方向开步。随之，身势松开下沉，重心由右脚移至左脚，呈弓箭步。同时，左手由胸部松开，向正东方按出，右勾手向正西方舒展掤起。动作完成后，眼神与左手方向一致。（图 104）

图103

图104

40. 高探马

在前一动作基础上，身势略松，向左稍转，提右脚跟进半步。周身放松，两臂在上松松掤起。动作完成后，目视正东。（图 105）

图105

右脚渐渐踏实，重心缓缓坐于右腿。左脚变虚，脚尖虚虚点地。左掌外旋，掌心向上。右臂松肩沉肘，右掌由后方收至右耳旁。目视正东。（图 106）

松腰坐胯，腰部微向左转。右臂松肩沉肘，右掌松松向前按出。同时，左掌收至左肋处，掌心向上。动作完成后，目视正东。（图 107）

图106

图107

41. 右分脚

在前一动作基础上，周身松开，腰向右转。右掌上翻，左臂随转腰在身前下方弧形掤起。（图 108）

图108

松腰坐胯，身势略屈。提左脚向东北方向开步。身势向左沉转，重心由右脚渐移至左脚，呈弓箭步。两臂随转腰向左捋带，至胸前交叉掤起。动作完成后，目视东南。（图 109）

松腰沉胯，身势略屈。提右脚向东南方向松出，拳意在前脚掌。同时，松肩沉肘，两臂向左右松开。动作完成后，眼神与右脚方向一致。（图 110）

图109

图110

42. 左分脚

在前一动作基础上，右脚落于左脚内侧，脚尖虚虚点地。同时，右臂落下收至身前，呈弧形，左臂在左上方掤起。目视右下方。（图 111）

图111

松腰坐胯，身势略屈。提右脚向东南方向开步。身势向右沉转，重心由左脚渐移至右脚，呈弓箭步。两臂随转腰向右捋带，至胸前交叉掤起。动作完成后，目视东北。（图 112）

松腰沉胯，身势略屈。提左脚向东北方向松出，拳意在前脚掌。同时，松肩沉肘，两臂向左右松开。动作完成后，眼神与左脚方向一致。（图 113）

图112

图113

43. 转身左蹬脚

在前一动作基础上，左脚收回，屈身向左转腰，转至身势朝向西北。右脚内扣，左脚收至右脚踝内侧，脚尖点地。同时，两臂收回至胸前，两掌变拳，交叉掤起。动作完成后，目视正西。（图 114）

图114

松腰沉胯，身势略屈。提左脚向正西方向松松蹬出。同时，松肩沉肘，两臂向左右松开。动作完成后，眼神与左脚方向一致。（图 115）

44. 右搂膝拗步掌

在前一动作基础上，屈身将左脚、左臂同时收回，左臂收回至胸前呈弧形。随之，左脚向正西方开步。身势向左沉转，重心由右脚渐移至左脚，成弓箭步。两脚横向距离约两拳。两臂随腰转动，左手向下经左膝上方，至左腿外侧按下。右臂松肩沉肘，由右后方收回，右掌经耳旁向前松松按出。动作完成后，周身放松，立身中正，目视正西。（图 116）

图115

图116

45. 左搂膝拗步掌

在前一动作基础上，身势松开，以腰为轴，向左沉转。两臂随转腰向左后方捋带，左臂向左后方舒展掤起，右臂在胸前呈弧形松开沉下。右虚脚收回至左脚踝内侧，脚尖点地。动作完成后，目视正西前下方。（图 117）

图117

身势略松略屈。提右脚向正西方开步。身势向右沉转，重心由左脚渐移至右脚，成弓箭步。两脚横向距离约两拳。两臂随腰转动，右手向下经右膝上方，至右腿外侧按下。左臂松肩沉肘，由左后方收回，左掌经耳旁向前松松按出。动作完成后，周身放松，立身中正，目视正西。（图118）

图118

46. 搂膝栽捶

在前一动作基础上，腰向右转，右脚外摆，重心前移至右脚，左脚收至右脚后侧，脚尖虚点地。同时，两臂前后松开，周身放松。动作完成后，面向正西。（图 119）

松腰坐胯，提左脚向正西方向开步，腰部沉转，重心由右脚渐移至左脚，呈弓箭步。两脚横向距离约两拳。同时，左手向下经左膝上方，至左腿外侧。右臂松肩沉肘，由右后方收回，右掌变拳经耳旁向前下方松出。随后，左掌向上掤起，近于右肘处。动作完成后，面向正西，眼神在右拳处。（图 120）

图119

图120

47. 翻身撇身捶

在前一动作基础上，松腰沉胯，腰微向右转，左脚内扣，右脚外摆，两脚呈外八字，面向正北。左臂向上掤起过头，再由面前沉下至胸前。两臂合于胸前，左臂在上，右臂在下。周身松开，身势下坐为马步。（图 121）

图121

身势松开下沉，重心移至左脚，右脚尖内扣。左掌向左上方松开掤起呈弧形，右拳在胸前向下松开微向里合，身势微屈沉下。目视右下方。（图 122）

身势略屈。提右脚向右后东南方倒插开步。转腰坐胯，左脚内扣，右脚摆正，重心下沉移至右脚，成弓箭步。同时，右拳向东南方松松撇出沉下，左掌收于左耳旁。（图 123）

图 122

图123

松腰沉胯，右拳收回至右肋处。左掌同时向东南方松松按出。眼神与左掌方向一致。（图 124）

图124

48. 卸步搬拦捶

在前一动作基础上，腰向左转，重心移至左腿。右脚微向内扣，右拳向右侧松丌，随转腰摆至体前。左臂在胸前弧形松开掤起。眼神与右手方向一致，周身松开。（图 125）

松腰屈身，提右脚向前开半步，脚尖外摆。重心移至右脚，右拳由下至上，经胸前翻转，拳心向上，左掌近于右肘处。左脚脚尖着地，周身松开。动作完成后，面向正东。（图 126）

图125

图126

身势略屈，提左脚收至右脚踝内侧，脚尖点地。两臂由胸部前后松开，左臂在胸前呈弧形掤起，右臂松肩沉肘，右拳下沉收至右肋处。身心一体松开，两眼眼神虚虚微含，面向正东。（图 127）

屈身提左脚向正东开步，身势向左沉转，重心由右脚渐移至左脚，成弓箭步。同时，两臂松肩沉肘，右拳向前松出。左掌近于右肘处，指尖向上。周身完整松开。动作完成后，目视正东。（图 128）

图127

图128

49. 右蹬脚

在前一动作基础上，身势松开，腰向左沉转。左脚外摆，两臂由胸部向左右松开，两腿盘膝沉下。随后，两掌变拳，再收回合于胸前，交叉掤起。动作完成后，目视正东。（图 129）

图129

松腰沉胯，身势略屈。提右脚向正东方向松松蹬出。同时，松肩沉肘，两拳变掌，向左右松开。动作完成后，目视正东。（图 130）

图130

50. 左打虎势

在前一动作基础上，身势略屈，右脚收回，向后（正西方）倒插开半步，重心在左腿。两臂前后松开。眼神与右手方向一致。（图 131）

屈身坐胯，重心由左腿移至右腿，右臂收回至胸前。然后，腰向右转，两手摆至东南方，提左脚向西北方向开步，身势略向左沉转。重心由右脚移至左脚，呈弓箭步。同时，两掌变拳，右拳经面前在体前沉下，左拳翻转向上掤起过头。动作完成后，眼神在右拳处。（图 132）

图131

图132

51. 右打虎势

在前一动作基础上，身势向右沉转。左脚内扣，提右脚收至左脚踝内侧，脚尖点地。右臂在体前呈弧形松开沉下。左拳变掌在左侧松松掤起。（图 133）

屈身提右脚向东南方向开步，身势略向右沉转。重心由左脚移至右脚，成弓箭步。同时，左掌变拳经面前在体前沉下，右拳翻转向上掤起过头。动作完成后，眼神在左拳处。（图 134）

图133

图134

52. 右蹬脚

在前一动作基础上，腰向左转，右脚内扣，左脚外摆。身势下沉，重心由右脚移至左脚，松松沉下。两拳收回胸前，交叉掤起。动作完成后，目视正东。（图 135）

图135

松腰沉胯，身势略屈。提右脚向正东方向松松蹬出。同时，松肩沉肘，两拳变掌，向左右松开。动作完成后，眼神与右脚方向一致。（图 136）

图136

53. 双峰贯耳

在前一动作基础上，腰向右转，右脚落下至左脚前侧。两臂同时收回，在身前弧形沉下，掌心向上。动作完成后，面向正东，目视前下方。（图 137）

腰向右转，左脚内扣。提右脚向正南方向开步。身势下沉，重心从左脚移至右脚，成弓箭步。同时，两掌变拳，向前上方翻转，拳眼相对。动作完成后，眼神虚含。（图 138）

图137

图138

54. 披身左踢脚

在前一动作基础上，腰向右转，右脚外摆，重心下沉。两臂松肩沉肘，在胸前交叉合拢。周身松开。（图 139）

身势略屈，提左脚向东南方向踢出。两拳变掌，两臂左右松开伸展。（图 140）

图139　图140

55. 转身右蹬脚

在前一动作基础上，身势以右脚掌为轴向右转。右腿随腰转动，左脚落于右脚内侧。随之，身势下沉，左脚踏实，右脚变虚，脚尖点地。同时，两掌变拳，收于胸前，交叉掤起。动作完成后，目视正东。（图 141）

图141

松腰沉胯，身势略屈。提右脚向正东方向松松蹬出。同时，松肩沉肘，两拳变掌，向左右松开。动作完成后，眼神与右脚方向一致。（图 142）

图142

56. 落步搬拦捶

在前一动作基础上，身势松开，右脚落下，脚尖外摆。重心前移至右脚，左脚跟进，脚尖点地。同时，两臂收回。右掌变拳，拳心向上，向右前方松出。左掌搭于右肘处，周身松开。动作完成后，面向正东。（图 143）

身势略屈，提左脚收至右脚踝内侧，脚尖点地。两臂由胸部前后松开，左臂在胸前呈弧形掤起，右臂松肩沉肘，右拳下沉收至右肋侧。动作完成后，身心一体松开，两眼眼神虚虚微含，面向正东。（图 144）

图143

图144

屈身提左脚向正东开步，身势向左沉转，重心由右脚渐移至左脚，成弓箭步。同时，两臂松肩沉肘，右拳向前松出。左掌近于右肘处，指尖向上。周身完整松开。动作完成后，目视正东。（图 145）

图145

57. 如封似闭

在前一动作基础上，身势松开，重心后坐于右腿。左掌经右腋下穿过。右拳变掌，掌心向上。动作完成后，面向正东。（图 146）

两臂松肩沉肘，由胸部向左右两侧松开沉下。胸部含蓄，背要上拔，眼神虚虚收回。动作完成后，面向正东。（图 147）

图146

图147

松腰沉胯，重心由右脚前移至左脚，成弓箭步。同时，两臂松肩沉肘，两掌向前松松按出。身势松沉，立身中正。动作完成后，目视正东。（图 148）

图148

58. 十字手

在前一动作基础上，松腰沉胯，顶头竖脊，以腰为轴，身势右转。两臂随同转腰，向上左右松开掤起，左脚微内扣，右脚外摆，两脚呈外八字。动作完成后，周身松开，面向正南。（图 149）

身势松开下沉，两臂随之下落于肩侧。（图 150）

图149

图150

身势松开下沉，两臂继续下落近于两膝旁。臀部微收，胸部含蓄，背部圆满。眼神虚虚收回。（图 151）

重心左移，右脚略收回落下，两脚距离与肩同宽。两手随之合于胸前交叉掤起，掌心向内。同时，意气在内下沉不止，身势源源不断升起。升起后，自然松开站立。动作完成后，两眼呈半睡状。（图 152）

图151

图152

第三段

59. 豹虎归山

在前一动作基础上，身势左转，右脚跟提起，重心移至左腿。左手向东南方掤出，掌心向内，右臂在胸前弧形掤圆。眼神注意左手。（图 153）

图153

身势略屈，提右脚向右后（西北）方倒插开步。同时，松腰沉胯，身势向右后方转动，重心由左脚渐移至于右脚，成弓箭步。两臂随之转动，右手在下，平腰松开，经右膝上方至右胯外侧。左臂在上，松肩沉肘，由左侧收回，经左耳旁向西北方按出。动作完成后，目视西北。（图 154）

图154

60. 斜揽雀尾

（1）掤

在前一动作基础上，以腰为轴，身势略向右转，左臂在胸前掤起，右臂在右侧松松掤起。周身松开。（图 155）

（2）捋

转腰坐胯，重心由右脚移至左脚。两臂松松掤起，随腰身转动。左臂在下，呈半圆形。右臂在前上方，弧形松开沉下。动作完成后，重心在左腿，眼神在左手处。（图 156）

图155

图156

图157

（3）挤

由腰带动两臂向左略转，重心后移。左臂向后画弧再翻转向上，沉于左肩外侧。同时，右臂翻转，掌心向内。然后，腰向右略转，身势下沉，重心前移至右脚，成弓箭步。同时，左手松开前行，左掌根搭于右腕脉门处。动作完成后，周身松开，目视西北。（图 157）

（4）按

松腰沉胯，重心后坐。同时，胸部松开，两臂松沉于左右。动作完成后，眼神虚虚朝前下方。（图 158）

身势由腰部松开下沉。重心缓缓前移至右脚，成弓箭步。在上之两臂松肩沉肘，随身势下沉松开向前按出。动作完成后，目视西北。（图 159）

图158

图159

61. 斜单鞭掌

在前一动作基础上，身势松开，以腰为轴向左沉转，带动两臂经胸前到达左侧。同时，重心移至左脚，右脚尖内扣。眼神与动作互相配合。（图 160）

身势松开，以腰为轴，向右沉转。右手变勾手，随同转腰向右侧挂出。左手随之移至右肩窝处。同时，重心从左脚渐移至右脚，左脚收回至右脚踝内侧，脚尖点地。动作完成后，眼神与右勾手方向一致。（图 161）

图160

图161

身势略向下松。提左脚，向西南方向开步。随之，身势松开下沉，重心由右脚移至左脚，成弓箭步。同时，左手由胸部松开，向西南方按出，右勾手向东北方舒展掤起。动作完成后，眼神与左手方向一致。（图 162）

图162

62. 右野马分鬃

在前一动作基础上，腰向左沉转，重心移至左腿，右脚收回至左脚踝内侧，脚尖点地。两臂收回至胸前，左臂在上，右臂在下，交叉掤起。动作完成后，目视西北。（图 163）

身势下松，提右脚向西北方向开步，向右转腰沉胯，重心由左脚移至右脚，呈弓箭步。同时，两臂由胸部前后松开，右臂向前上方松松掤起，左臂向后下方松松掤开。动作完成后，目视西北。（图 164）

图163

图164

63. 左野马分鬃

在前一动作基础上，腰向右沉转，重心移至右腿，左脚收回至右脚踝内侧，脚尖点地。两臂收回至胸前，右臂在上，左臂在下，交叉掤起。动作完成后，目视西南。（图 165）

图165

身势下松，提左脚向西南方向开步，向左转腰沉胯，重心由右脚移至左脚，成弓箭步。同时，两臂由胸部前后松开，左臂向前上方松松掤起，右臂向后下方松松掤开。动作完成后，目视西南。（图 166）

图166

64. 右野马分鬃

在前一动作基础上，腰向左沉转，重心移至左腿，右脚收回至左脚踝内侧，脚尖点地。两臂收回至胸前，左臂在上，右臂在下，交叉掤起。动作完成后，目视西北。（图 167）

身势下松，提右脚向西北方向开步，向右转腰沉胯，重心由左脚移至右脚，成弓箭步。同时，两臂由胸部前后松开，右臂向前上方松松掤起，左臂向后下方松松掤开。动作完成后，目视西北。（图 168）

图167

图168

65. 掤手上势

在前一动作基础上，腰微向左转，右脚内扣。提左脚收至右脚踝内侧，脚尖点地。同时，右臂收至胸前呈弧形，左臂在下，收至身前弧形掤起。动作完成后，目视西南。（图 169）

周身松开，提左脚向南稍偏西方向开步。同时，两臂掤于胸前。然后，身势松开下沉，两臂随身势前后松松掤开，重心由右脚渐移至左脚，成弓箭步。（图 170）

图169

图170

以腰为轴，身势向左松松转动。同时，提右脚至左脚踝内侧，脚尖点地。左臂在上松松掤起，右臂在下呈弧形，松松掤开。动作完成后，目视右斜下方，面向正西。（图 171）

图171

身势略屈，提右脚向正西方开步。松腰塌胯，顶头竖脊，以腰为轴，身势右转。重心由左脚渐移至右脚，呈弓箭步。两脚横向距离约为两拳，后脚尖内扣 45° 。两臂随腰转动，经胸前转至与右脚方向一致，两臂松松掤圆沉下。动作完成后，眼神与右手方向一致。（图 172）

图172

66. 揽雀尾

（1）掤

在前一动作基础上，以腰为轴，身势略向右转，左臂在胸前掤起，右臂在右侧松松掤起。周身松开。（图 173）

（2）捋

转腰坐胯，重心由右脚移至左脚。两臂松松掤起，随腰身转动。左臂在下，呈半圆形。右臂在前上方，弧形松开沉下。动作完成后，重心在左腿，眼神在左手处（图 174）

图173

图174

（3）挤

由腰带动两臂向左略转，重心后移。左臂向后画弧再翻转向上，沉于左肩外侧。同时，右臂翻转，掌心向内。然后，腰向右略转，身势下沉，重心前移至右脚，成弓箭步。同时，左手松开前行，左掌根搭于右腕脉门处。动作完成后，周身松开，目视正西。（图 175）

图175

（4）按

松腰沉胯，身势重心后坐。同时，胸部松开，在上之两臂松沉于左右。动作完成后，眼神虚虚朝前下方。（图 176）

身势由腰部松开下沉。重心缓缓前移至右脚，成弓箭步。在上之两臂松肩沉肘，随身势下沉松开向前按出。动作完成后，目视正西。（图 177）

图176

图177

67. 单鞭掌

在前一动作基础上，身势松开，以腰为轴向左沉转，带动两臂经胸前到达左侧。同时，重心移至左脚，右脚尖内扣。眼神与动作互相配合。（图 178）

图178

身势松开，以腰为轴，向右沉转。右手呈勾手，随同转腰向右侧挂出。左手随之移至右肩窝处。同时，重心从左脚渐移至右脚，左脚收回至右脚踝内侧，脚尖点地。动作完成后，眼神与右勾手方向一致。（图 179）

身势略向下松。提左脚，向正东方向开步。随之，身势松开下沉，重心由右脚移至左脚，成弓箭步。同时，左手由胸部松开，向正东方按出，右勾手向正西方舒展掤起。动作完成后，眼神与左手方向一致。（图 180）

图179

图180

图181

68. 右玉女穿梭

在前一动作基础上，腰略向左转，左脚内扣。头向右转，目视向西南。（图 181）

腰向右转，右脚略收回，虚虚着地，脚尖外摆。右掌外旋，掌心向上。左掌经胸前收至腋下。动作完成后，目视西南。（图 182）

腰微向右转，重心前移至右腿。随后，提左脚向西南方开步，松腰沉胯，重心由右脚移至左脚，成弓箭步。同时，左臂内旋上掤；右掌向西南方向按出。动作完成后，面向西南。（图 183）

图182

图183

69. 左玉女穿梭

在前一动作基础上，腰向右转，左脚内扣。同时，左臂松松掤起过头，再经面前沉下。两臂合于胸前，左臂在上，右臂在下。身势下沉，成马步。动作完成后，面向西北。（图 184）

身势向右后方沉转，重心移至左腿，左脚内扣。同时，两掌在胸前外旋，掌心向上。然后，右脚收回向东南方开步。腰微向右转，身势下沉。重心由左脚移至右脚，成弓箭步。右掌内旋向上掤起，左掌向东南方向按出。动作完成后，面向东南。（图 185）

图184

图185

70. 右玉女穿梭

在前一动作基础上，腰向左转，右脚内扣。左脚收回至右脚踝内侧，脚尖点地。同时，右臂在上掤起，左臂在下收于身前掤起呈弧形。动作完成后，目视东北。（图 186）

图186

提左脚向东北方向开步，腰微向左转，身势下沉，重心由右脚移至左脚，成弓箭步。左掌内旋，向上掤起；右掌向东北方向按出。动作完成后，面向东北。（图 187）

图187

71. 左玉女穿梭

在前一动作基础上，腰向右转，左脚内扣。同时，左臂松松掤起过头，再经面前沉下。两臂合于胸前，左臂在上，右臂在下。身势下沉，成马步。动作完成后，面向东南。（图 188）

身势向右后方沉转，重心移至左腿，左脚内扣。同时，两掌在胸前外旋，掌心向上。然后，右脚收回向西北方开步。腰微向右转，身势下沉。重心由左脚移至右脚，成弓箭步。右掌内旋向上掤起，左掌向西北方向按出。动作完成后，面向西北。（图 189）

图188

图189

72. 掤手上势

图190

在前一动作基础上，腰微向左转，右脚内扣。提左脚收至右脚踝内侧，脚尖点地。同时，右臂收至胸前呈弧形，左臂在下，收至身前弧形掤起。动作完成后，目视西南。（图190）

周身松开，提左脚向南稍偏西方向开步。同时，两臂掤于胸前。然后，身势松开下沉，两臂随身势前后松松掤开，重心由右脚渐移至左脚，成弓箭步。（图 191）

以腰为轴，身势向左松松转动。同时，提右脚至左脚踝内侧，脚尖点地。左臂在上松松掤起，右臂在下呈弧形，松松掤开。动作完成后，目视右斜下方，面向正西。（图 192）

图191

图192

身势略屈，提右脚向正西方开步。松腰塌胯，顶头竖脊，以腰为轴，身势右转。重心由左脚渐移至右脚，成弓箭步。两脚横向距离约为两拳，后脚尖内扣 45 度。两臂随腰转动，经胸前转至与右脚方向一致，两臂松松掤圆沉下。动作完成后，眼神与右手方向一致。（图 193）

图193

73. 揽雀尾

（1）掤

在前一动作基础上，以腰为轴，身势略向右转，左臂在胸前掤起，右臂在右侧松松掤起。周身松开。（图 194）

（2）捋

转腰坐胯，重心由右脚移至左脚。两臂松松掤起，随腰身转动。左臂在下，呈半圆形。右臂在前上方，弧形松开沉下。动作完成后，重心在左腿，眼神在左手处。（图 195）

图194

图195

图196

（3）挤

由腰带动两臂向左略转，重心后移。左臂向后画弧再翻转向上，沉于左肩外侧。同时，右臂翻转，掌心向内。然后，向右转身，身势下沉，重心前移至右脚，成弓箭步。同时，左手松开前行，左掌根搭于右腕脉门处。动作完成后，周身松开，目视正西。（图196）

（4）按

松腰沉胯，身势重心后坐。同时，胸部松开，在上之两臂松沉于左右。动作完成后，眼神虚虚朝前下方。（图197）

身势由腰部松开下沉。重心缓缓前移至右脚，成弓箭步。在上之两臂松肩沉肘，随身势下沉松开向前按出。动作完成后，目视正西。（图198）

图197　　图198

74. 单鞭掌

在前一动作基础上，身势松开，以腰为轴向左沉转，带动两臂经胸前到达左侧。同时，重心移至左脚，右脚尖内扣。眼神与动作互相配合。（图 199）

图199

身势松开，以腰为轴，向右沉转。右手变勾手，随同转腰向右侧挂出。左手随之移至右肩窝处。同时，重心从左脚渐移至右脚，左脚收回至右脚踝内侧，脚尖点地。动作完成后，眼神与右勾手方向一致。（图 200）

身势略向下松。提左脚，向正东方向开步。随之，身势松开下沉，重心由右脚移至左脚，成弓箭步。同时，左手由胸部松开，向正东方按出，右勾手向正西方舒展挪起。动作完成后，眼神与左手方向一致。（图 201）

图200

图201

75. 右云手

图202

在前一动作基础上，身势松开，左脚微内扣，重心移至左腿，右脚收回并步。同时，右勾手变掌松开向下，再向上掤起至胸前。左掌在左侧松开沉下。动作完成后，目视向右方，周身松开。（图 202）

76. 左云手

在前一动作基础上，腰向右转，身势略屈，重心移至右腿。提左脚向左横开半步。右臂松开下落至体侧，左臂向上掤起至胸前。随后腰向左微转。动作完成后，目视向左侧。（图 203）

77. 右云手

在前一动作基础上，身势松开，重心移至左腿，右脚收回并步。同时，右掌向上掤起至胸前。左掌在左侧松开沉下。动作完成后，目视向右侧，周身松开。（图 204）

图203

图204

图205

78. 单鞭掌

在前一动作基础上，腰向右转，左脚向左横开半步。同时，松腰沉胯，腰再向左转，重心移至左脚，右脚尖内扣。两臂随转腰经胸前摆至左侧。眼神与动作互相配合。（图 205）

身势松开，以腰为轴，向右沉转。右手变勾手，随同转腰向右侧挂出。左手随之移至右肩窝处。同时，重心从左脚渐移至右脚，左脚收回至右脚踝内侧，脚尖点地。动作完成后，眼神与右勾手方向一致。（图 206）

身势略向下松。提左脚，向正东方向开步。随之，身势松开下沉，重心由右脚移至左脚，成弓箭步。同时，左手由胸部松开，向正东方按出，右勾手向正西方舒展掤起。动作完成后，眼神与左手方向一致。（图 207）

图206

图207

79. 抽身下势

在前一动作基础上，松腰沉胯，屈身下沉。同时，右脚微向外摆，左脚微内扣。两臂前后松开，左臂下落贴于左腿。右勾手在右后上方，松松沉下。动作完成后，目视正东。（图 208）

图208

80. 右金鸡独立

在前一动作基础上，身势升起，右脚内扣，左脚摆正。然后，身势下沉，重心移至左脚，成弓箭步。同时，两臂前后松开，左掌向前松开，右勾手向后松开沉下。动作完成后，目视东北。（图 209）

向左沉转，左脚外摆，重心移至左腿。然后，右膝提起，略高于胯，右脚尖下垂。同时，右臂收于胸前，右肘下沉，正对右膝，指尖向上；左臂收于左侧，松松按下。动作完成后，面向正东。（图 210）

图209

图210

81. 左金鸡独立

在前一动作基础上，身势略屈，右脚落至左脚内侧。然后，重心由左脚移至右脚，屈蹲沉下。同时，两臂收于胸前，松松按下。动作完成后，面向正东。（图 211）

身势向上舒展，然后，松腰坐胯，左膝提起，略高于胯，左脚尖下垂。同时，左臂收于胸前，左肘下沉，正对左膝盖，指尖向上；右臂收于右侧，松松按下。动作完成后，面向正东。（图 212）

图211

图212

82. 右倒撵猴

在前一动作基础上，身势略屈，左脚落下，腰向右转。两臂由胸部向东西方向松开舒展掤起，左脚前脚掌着地，周身松开。（图 213）

图213

身势向左后方沉转。提左脚，向后（正西方）倒插开步，重心移至左腿。左臂松开，左掌心向上。右臂松肩沉肘，右掌收至右耳旁。目视正东。（图 214）

身势向左沉转。两臂松开随腰转动，右掌向前方按出，左掌收回至左肋处。右脚摆正，重心坐于左腿。动作完成后，目视正东。（图 215）

图214

图215

83. 左倒撵猴

在前一动作基础上，略向左转腰坐胯。两臂由胸部向东西方向松开舒展挪起，右脚前脚掌着地，周身松开。（图 216）

图216

身势向右后方沉转。提右脚，向后（正西方）倒插开步，重心移至右腿。右臂松开，右掌心向上。左臂松肩沉肘，左掌收至左耳旁。目视正东。（图 217）

身势向右沉转。两臂松开随腰转动，左掌向前方按出，右掌收回至右肋处。左脚摆正，重心坐于右腿。动作完成后，目视正东。（图 218）

图217

图218

84. 右倒撵猴

在前一动作基础上，略向右转腰坐胯。两臂由胸部向东西方向松开舒展掤起，左脚前脚掌着地，周身松开。（图 219）

图219

身势向左后方沉转。提左脚，向后（正西方）倒插开步，重心移至左腿。左臂松开，左掌心向上。右臂松肩沉肘，右掌收至右耳旁。目视东北。（图 220）

身势向左沉转。两臂松开随腰转动，右掌向前方按出，左掌收回至左肋处。右脚摆正，重心坐于左腿。动作完成后，目视正东。（图 221）

图220

图221

85. 斜飞势

在前一动作基础上，略向左转腰坐胯。两臂由胸部向东西方向松开舒展掤起，右脚前脚掌着地，周身松开。（图 222）

图222

身势松开沉下。同时，将两臂收回，左臂在上，右臂在下，合于胸前掤圆。右脚收至左脚踝内侧，脚尖点地。动作完成后，目视右后方，周身松开，身势虚含。（图 223）

屈身提右脚向西南方向倒插开步。转腰沉胯，左脚内扣，右脚摆正。重心由左脚渐移至右脚，松松沉下，成弓箭步。两臂由胸部前后松开，右手向前上方掤开沉下，左手向后下方松开沉下。动作完成后，眼神与右手方向一致，朝向西南。（图 224）

图223

图224

86. 提手上势

在前一动作基础上，身势松开略屈，重心前移，左脚跟进半步，随之重心重新坐回至左腿。左臂由后下方收回至胸前。右手与右脚同时略收回，右脚放下，朝向正南。两臂合拢于胸前，右手在前，左手在后，松松沉下。动作完成后，左脚为实，右脚为虚，目视正南。（图 225）

图225

87. 白鹤亮翅

图226

在前一动作基础上，身势松开，以腰为轴，向左转动。右脚内扣，左脚外摆。两臂随转腰收回。右臂在下，右手收至左胯前侧。左臂在上，左手立于右肘处，两臂同时松开掤圆沉下。重心在左腿，以腰为轴，再微向右回转，右脚收回，脚尖朝向东南。动作完成后。目视东南前下方。（图 226）

身势略屈，提右脚，向东南方向开步。身势松开下沉，重心由左脚渐移至右脚，成弓箭步。两臂松开掤圆。动作完成后，目视东南。（图 227）

身势松开，重心缓缓前移至右脚。提左脚，向正东方开半步，两臂在胸前松开。右手、右臂向右上方掤起，左手、左臂在左侧松松沉下。立身中正，身心同时松开。动作完成后，目视正东。（图 228）

图227

图228

88. 右搂膝拗步掌

在前一动作基础上，身势松开，以腰为轴，向右沉转。在上之右臂松松沉下，两臂随转腰向右后方捋带，右臂向右后方舒展掤起，左臂在胸前呈弧形松开沉下。左虚脚收回，至右脚踝内侧，脚尖点地。动作完成后，目视正东前下方。（图 229）

身势略松略屈。提左脚向正东方开步。身势向左沉转，重心由右脚渐移至左脚，成弓箭步。两脚横向距离约两拳。两臂随腰转动，左手向下经左膝上方，至左腿外侧按下。右臂松肩沉肘，由右后方收回，右掌经耳旁向前松松按出。动作完成后，周身放松，立身中正，目视正东。（图 230）

图229

图230

89. 海底针

在前一动作基础上，重心前移，右脚跟进半步，脚尖点地。重心沉于左腿。（图 231）

图231

重心回坐于右腿，两手臂随之收回。右臂在上，弧形掤起，左臂在下收于胸前，呈弧形。左脚尖虚虚点地。周身放松。（图 232）

向下屈身，右掌向前下方松开出掌，指尖向下，左掌近于右肘处，重心在右脚，左脚虚虚点地。周身松开，眼神与右掌方向一致。（图 233）

图232

图233

90. 扇通背

在前一动作基础上，沉胯展腰。右臂上提掤起，左臂在胸前沉肩坠肘弧形掤起。重心在右腿，左脚尖虚虚点地，周身松开。（图 234）

图234

屈身提左脚向正东方向开步，松腰沉胯，重心由右脚渐移至左脚，成弓箭步。两臂由胸前松开，右掌外旋向上掤起；左掌向前松松按出。目视正东。（图 235）

图 235

91. 翻身撇身掌

在前一动作基础上，松腰沉胯，腰微向右转，面向正南。两臂随腰转动，右掌由头上经面前沉下至胸前，左掌向上掤起过头，再由面前沉下至胸前。两臂合于胸前，左臂在上，右臂在下。左脚尖微内扣，右脚尖微向外摆，两脚呈外八字。周身松开，身势下坐为马步。（图 236）

身势松开下沉，重心移至左脚，右脚尖内扣。左掌向左上方松开掤起，左臂呈弧形，右掌在胸前向下松开微向里合，身势微屈沉下。目视右下方。（图 237）

图236

图237

身势略屈。提右脚向右后（西北）方倒插开步。转腰坐胯，左脚内扣，右脚摆正，重心下沉移至右脚，成弓箭步。同时，右掌向西北方松松撇出沉下，左掌收于左耳旁。（图 238）

松腰沉胯，右掌变拳收回至右肋处。左掌同时向西北方松松按出。眼神与左掌方向一致。（图 239）

图238

图239

92. 卸步搬拦捶

在前一动作基础上，腰向左转，重心移至左腿。右脚微向内扣，右拳向右侧松开，随转腰摆至体前。左臂在胸前弧形松开掤起。周身松开，眼神与右手方向一致。（图 240）

图240

松腰屈身，提右脚向前开半步，脚尖外摆。随后，重心移至右脚，右拳由下至上，经胸前翻转，拳心向上，左掌近于右肘处。左脚脚尖着地，周身松开。动作完成后，面向正西。（图 241）

图241

身势略屈，提左脚收至右脚踝内侧，脚尖点地。两臂由胸部前后松开，左臂在胸前弧形掤起，右臂松肩沉肘，右拳下沉收至右肋处。身心一体松开，两眼眼神虚虚微含。（图 242）

屈身提左脚向正西开步，身势向左沉转，重心由右脚渐移至左脚，成弓箭步。同时，两臂松肩沉肘，右拳向前松出。左掌近于右肘处，指尖向上。周身完整松开。动作完成后，目视正西。（图 243）

图242

图243

93. 上势

在前一动作基础上，身势松开，腰向左转，左脚尖微向外摆。身势略屈，提右脚上步，收至左脚踝内侧。两臂由胸前松开，左臂向左后方松松掤起，右拳变掌下落至体前左胯处。动作完成后，面向正西，目视前下方。（图 244）

身势略屈，提右脚向正西方开步。松腰塌胯，顶头竖脊，以腰为轴，身势右转。重心由左脚渐移至右脚，成弓箭步。两脚横向距离约为两拳，后脚尖内扣 45 度。两臂随腰转动，经胸前转至与右脚方向一致，两臂松松掤圆沉下。动作完成后，目视正西。（图 245）

图244

图245

94. 揽雀尾

（1）掤

在前一动作基础上，以腰为轴，身势略向右转，左臂在胸前掤起，右臂在右侧松松掤起。周身松开。（图 246）

图246

图247

（2）捋

转腰坐胯，重心由右脚移至左脚。两臂松松掤起，随腰身转动。左臂在下，呈半圆形。右臂在前上方，弧形松开沉下。动作完成后，重心在左腿，眼神在左手处。（图 247）

（3）挤

由腰带动两臂向左略转，重心后移。左臂向后画弧再翻转向上，沉于左肩外侧。同时，右臂翻转，掌心向内。然后，腰向右略转，身势下沉，重心前移至右脚，成弓箭步。同时，左手松开前行，左掌根搭于右腕脉门处。动作完成后，周身松开，目视正西。（图 248）

（4）按

松腰沉胯，重心后坐。同时，胸部松开，在上之两臂松沉于左右。动作完成后，眼神虚虚朝前下方。（图 249）

图248

图249

在前一动作基础上，身势由腰部松开下沉。重心缓缓前移至右脚，成弓箭步。两臂松肩沉肘，随身势下沉松开向前按出。动作完成后，目视正西。（图 250）

图250

95. 单鞭掌

在前一动作基础上，身势松开，以腰为轴向左沉转，带动两臂经胸前到达左侧。同时，重心移至左脚，右脚尖内扣。眼神与动作互相配合。（图 251）

身势松开，以腰为轴，向右沉转。右手变勾手，随同转腰向右侧挂出。左手随之移至右肩窝处。同时，重心从左脚渐移至右脚，左脚收回至右脚踝内侧，脚尖点地。动作完成后，眼神与右勾手方向一致。（图 252）

图251

图252

身势略向下松。提左脚，向正东方向开步。随之，身势松开下沉，重心由右脚移至左脚，成弓箭步。同时，左手由胸部松开，向正东方按出，右勾手向正西方舒展掤起。动作完成后，眼神与左手方向一致。（图 253）

图253

96. 右云手

在前一动作基础上，身势松开，左脚微内扣，重心移至左腿，右脚收回并步。同时，右勾手变掌松开向下，再向上掤起至胸前。左掌在左侧松开沉下。动作完成后，目视向右侧，周身松开。（图 254）

97. 左云手

在前一动作基础上，腰向右转，身势略屈，重心移至右腿。提左脚向左横开半步。右臂松开下落至体侧，左臂向上掤起至胸前。随后腰向左微转。动作完成后，目视向左侧。（图 255）

图254

图255

98. 右云手

图256

在前一动作基础上，身势松开，重心移至左腿，右脚收回并步。同时，右掌向上掤起至胸前。左掌在左侧松开沉下。动作完成后，目视向右侧，周身松开。（图 256）

99. 单鞭掌

在前一动作基础上，腰向右转，左脚向左横开半步。同时，松腰沉胯，腰再向左转，重心移至左脚，右脚尖内扣。两臂随转腰经胸前摆至左侧。眼神与动作互相为用。（图 257）

身势松开，以腰为轴，向右沉转。右手变勾手，随同转腰向右侧挂出。左手随之移至右肩窝处。同时，重心从左脚渐移至右脚，左脚收回至右脚踝内侧，脚尖点地。动作完成后，眼神与右勾手方向一致。（图 258）

图257

图258

图259

身势略向下松。提左脚，向正东方向开步。随之，身势松开下沉，重心由右脚移至左脚，成弓箭步。同时，左手由胸部松开，向正东方按出，右勾手向正西方舒展掤起。动作完成后，眼神与左手方向一致。（图 259）

100. 高探马

在前一动作基础上，身势略松，向左稍转，提右脚跟进半步。周身放松，两臂在上松松掤起。动作完成后，目视正东。（图 260）

右脚渐渐踏实，重心缓缓坐于右腿。左脚变虚，脚尖虚虚点地。左掌外旋，掌心向上。右臂松肩沉肘，右掌由后方收至右耳旁。目视正东。（图 261）

图260

图261

松腰坐胯，腰部微向左转。右臂松肩沉肘，右掌松松向前按出。同时，左掌收至左肋处，掌心向上。动作完成后，目视正东。（图 262）

图 262

101. 白蛇吐信

在前一动作基础上，身势略屈，提左脚向正东开步，身势下沉，重心由右脚移至左脚，成弓箭步。同时，左掌向正前方松出，掌心向上；右掌收至左腋下，掌心向下。动作完成后，面向正东。（图 263）

102. 翻身右蹬脚

在前一动作基础上，腰向右转，左脚尖内扣，两脚呈外八字。左臂松松向上掤起过头，再由面前沉下至胸前。两臂合于胸前，左臂在上，右臂在下。周身松开，身势下坐为马步。动作完成后，面向正南。（图 264）

图263

图264

松腰沉胯，身势略屈。提右脚向正西方向松松蹬出。同时，松肩沉肘，两掌向左右松开。动作完成后，目视正西。（图 265）

图265

103. 左右搂膝指裆捶

在前一动作基础上，身势略屈，右脚向前落下半步，脚尖外摆。随后，身势向右沉转，重心移至右腿，左脚跟略微提起。同时，两臂随腰转动，右手落至右胯旁，左手向西松出。（图 266）

腰向右转，提左脚向正西方开步。两臂同时随转腰向右捋带，左臂略收回至胸前，弧形掤起，右臂向右后方松开。周身松开。（图 267）

图266

图267

松腰坐胯，腰部沉转，重心由右脚渐移至左脚，成弓箭步。两脚横向距离约两拳。同时，左手向下经左膝上方，至左腿外侧。右掌变拳，经右体侧向前下方松松打出。随后，左掌向上掤起，近于右肘处。动作完成后，面向正西，眼神在右拳处。（图 268）

图268

104. 上势

在前一动作基础上，身势松开，腰向左转，左脚尖微向外摆。身势略屈，提右脚上步，收至左脚踝内侧。两臂由胸前松开，左臂向左后方松松掤起，右拳变掌下落至体前左胯处。动作完成后，面向正西，目视前下方。（图 269）

身势略屈，提右脚向正西方开步。松腰塌胯，顶头竖脊，以腰为轴，身势右转。重心由左脚渐移至右脚，成弓箭步。两脚横向距离约为两拳，后脚尖内扣 45 度。两臂随腰转动，经胸前转至与右脚方向一致，两臂松松掤圆沉下。动作完成后，目视正西。（图 270）

图269

图270

105. 揽雀尾

（1）掤

在前一动作基础上，以腰为轴，身势略向右转，左臂在胸前掤起，右臂在右侧松松掤起。周身松开。（图 271）

（2）捋

转腰坐胯，重心由右脚移至左脚。两臂松松掤起，随腰身转动。左臂在下，呈半圆形。右臂在前上方，弧形松开沉下。动作完成后，重心在左腿，眼神在左手处。（图 272）

图271

图272

（3）挤

由腰带动两臂向左略转，重心后移。左臂向后画弧再翻转向上，沉于左肩外侧。同时，右臂翻转，掌心向内。然后，腰向右略转，身势下沉，重心前移至右脚，成弓箭步。同时，左手松开前行，左掌根搭于右腕脉门处。动作完成后，周身松开，目视正西。（图 273）

图273

（4）按

松腰沉胯，重心后坐。同时，胸部松开，两臂松沉弯曲，对手置于头左右。动作完成后，眼神虚虚朝前下方。（图 274）

身势由腰部松开下沉。重心缓缓前移至右脚，成弓箭步。两臂松肩沉肘，随身势下沉松开向前按出。动作完成后，目视正西。（图 275）

图274

图275

106. 单鞭掌

在前一动作基础上，身势松开，以腰为轴向左沉转，带动两臂经胸前到达左侧。同时，重心移至左脚，右脚尖内扣。眼神与动作互相配合。（图 276）

图276

身势松开，以腰为轴，向右沉转。右手变勾手，随同转腰向右侧挂出。左手随之移至右肩窝处。同时，重心从左脚渐移至右脚，左脚收回至右脚踝内侧，脚尖点地。动作完成后，眼神与右勾手方向一致。（图 277）

身势略向下松。提左脚，向正东方向开步。随之，身势松开下沉，重心由右脚移至左脚，成弓箭步。同时，左手由胸部松开，向正东方按出，右勾手向正西方舒展掤起。动作完成后，眼神与左手方向一致。（图 278）

图277　　图278

107. 抽身下势

在前一动作基础上，松腰沉胯，屈身下沉。同时，右脚微向外摆，左脚微内扣。两臂左右松开，左臂下落贴于左腿。右勾手在右后上方，松松沉下。动作完成后，目视正东。（图 279）

图279

108. 上步七星捶

在前一动作基础上，身势升起，右脚内扣，左脚摆正。然后，身势下沉，重心移至左脚，成弓箭步。同时，左臂向前松开，右臂向后松开沉下。动作完成后，目视正东。（图 280）

身势略屈，腰向左转。左脚外摆，身势下沉，提右脚向正东方开半步，重心坐于左腿。同时，双掌变拳，右拳由右后方向前收于胸前，双臂在胸前交叉掤起，拳眼向上。动作完成后，面向正东。（图 281）

图280

图281

109. 退步跨虎

在前一动作基础上，身势松开略屈，右脚收回向后倒插开半步，重心随之坐于右腿。同时，两臂由胸部左右松开，右臂向右上方掤起，左臂向左下方沉下。左脚脚尖虚虚着地。动作完成后，面向正东。（图 282）

图282

110. 转身摆莲脚

在前一动作基础上，身势向左沉转。同时，两臂松开随腰左转，右臂摆至胸前，右掌心向下；左臂松开掤起，左掌心向上。动作完成后，目视东南斜下方。（图 283）

在前一动作基础上，以右脚跟为轴，向右后方沉转，约 270° 。然后，提左脚，向西北方向开步。松腰沉胯，重心由右脚移至左脚，呈弓箭步。同时，两臂由胸部松开，左臂向左上方掤起，右臂向右下方沉下。动作完成后，目视东南。（图 284）

图283

图284

左脚内扣，腰微向左转，右脚收回，右臂向左摆。然后，再向右转腰，两臂随转腰右摆。同时，右腿松松提起。动作完成后，目视东北。（图 285）

图285

身势略屈，两掌经右腿外侧向左捋带。同时，右脚向右侧东南方向摆出。动作完成后，目视东南。（图 286）

图286

111. 弯弓射虎

在前一动作基础上，身势松开下沉，右脚落下向东南方向开步。重心由左脚移至右脚，成弓箭步。同时，两掌变拳下落，在胸前左右掤圆。动作完成后，面向东北。（图 287）

松腰沉胯，两拳向上松松提起，右拳提至右耳旁，左拳平胸向东北方向打出。动作完成后，眼神与左拳一致。（图 288）

图287

图288

112. 卸步搬拦捶

在前一动作基础上，腰向左转，重心移至左腿。右脚微向内扣，右拳向右侧松开，随转腰摆至体前。左臂在胸前弧形松开掤起。眼神与右手方向一致，周身松开。（图 289）

松腰屈身，提右脚向前开半步，脚尖外摆。重心移至右脚，右拳由下至上，经胸前翻转，拳心向上，左掌近于右肘处。左脚脚尖着地，周身松开。动作完成后，面向正东。（图 290）

图289

图290

身势略屈，提左脚收至右脚踝内侧，脚尖点地。两臂由胸部前后松开，左臂在胸前弧形掤起，右臂松肩沉肘，右拳下沉收至右肋处。身心一体松开，两眼眼神虚虚微含，面向正东。（图 291）

图291

屈身提左脚向正东开步，身势向左沉转，重心由右脚渐移至左脚，成弓箭步。同时，两臂松肩沉肘，右拳向前松出。左掌近于右肘处，指尖向上。周身完整松开。动作完成后，目视正东。（图 292）

图292

113. 如封似闭

在前一动作基础上，身势松开，重心后坐于右腿。左掌经右腋下穿过。右拳变掌，掌心向上。动作完成后，面向正东。（图 293）

两臂松肩沉肘，由胸部向左右两侧松开沉下。胸部含蓄，背要上拔，眼神虚虚收回。动作完成后，面向正东。（图 294）

图293

图294

松腰沉胯，重心由右脚前移至左脚，成弓箭步。同时，两臂松肩沉肘，两掌向前松松按出。身势松沉，立身中正。动作完成后，目视向正东。（图 295）

图295

114. 十字手

在前一动作基础上，松腰沉胯，顶头竖脊，以腰为轴，身势右转。两臂随同转腰，向上左右松开掤起，左脚微内扣，右脚外摆，两脚呈外八字。动作完成后，周身松开，面向正南。（图 296）

身势松开下沉，两臂随之下落。面向正南。（图 297）

图296

图297

图298

身势松开下沉，两臂继续下落近于两膝。臀部微收，胸部含蓄，背部圆满。眼神虚虚收回，面向正南。（图 298）

重心左移，右脚略收回落下，两脚距离与肩同宽。两手随之合于胸前交叉掤起，掌心向内。同时，意气在内下沉不止，身势源源不断升起。升起后，自然松开站立。动作完成后，两眼呈半睡状，面向正南。（图 299）

115. 收势（合太极）

在前一动作基础上，两臂松松向左右两侧掤开，拳意由两肩行于手指。在身法要领上要注意腰，上要顶头竖脊，下要松腰沉胯。拳意在身内由上至下松松沉，根力自会由脚下至上一气贯串。（图 300）

两臂松开下落至身体两侧。拳意由两肩行于手指。周身松开，身心立稳，拳意留意于腰间。（图 301）

图299

图300

图301

附：太极拳经

太极拳的拳经，是老一辈有极高造诣的太极拳家留给我们的宝贵财富，是我们练习太极拳不可缺少的理论指导。我们练习太极拳要练在拳经的道理上，否则，就是枉费功夫。学习太极拳，不能由个人的主观想象而定，老师在教时，也不能由老师的主观认识而定。我们练习太极拳一切的道理与功夫，都要以太极拳的拳经作为准绳。

张三丰太极拳论

一举动中周身俱要轻灵，尤须贯串，气宜鼓荡，神宜内敛，无使有缺陷处，无使有凸凹处，无使有断续处。其根在脚，发于腿，主宰于腰，形于手指，由脚而腿而腰，总须完整一气，向前退后乃能得机得势，有不得机得势处，身便散乱，其病必于腰腿求之。上下前后左右皆然，凡此皆是意，不在外面。有上即有下，有前则有后，有左则有右，如意要向上即寓下意，若将物掀起即加以挫之之意；斯其根自断，乃坏之速而无疑。虚实宜分清楚，一处有一处虚实，处处总此一虚实。周身节节贯串，无令丝毫间断耳。

长拳者，如长江大河滔滔不绝也。掤、捋、挤、按、采、挒、肘、靠，此八卦也。进步、退步、左顾、右盼、中定，此五行也，“掤、捋、挤、按”，即乾坤坎离四正方也。“采、挒、肘、靠”，即巽震兑艮四斜角也。“进、退、顾、盼、定”，即金木水火土也。合之则为“十三势”也。

（原注云：此系武当山张三丰祖师遗论，欲天下豪杰延年益寿不徒作技艺之末也。太极拳由张三丰所创此说法，始于武禹襄，但据考证并非如此，故此文何人所作无法得知。）

王宗岳太极拳论

太极者，无极而生，动静之机，阴阳之母也。动之则分，静之则合。无过不及，随曲就伸。人刚我柔谓之走，我顺人背谓之粘。动急则急应，动缓则缓随。虽变化万端，而理为一贯。由着熟而渐悟懂劲，由懂劲而阶及神明。然非用力日久，不能豁然贯通焉。虚灵顶劲，气沉丹田。不偏不倚，忽隐忽现。左重则左虚，右重则右杳。仰之则弥高，俯之则弥深，进之则愈长，退之则愈促。一羽不能加，蝇虫不能落，人不知我，我独知人。英雄所向无敌，盖皆由此而及也。斯技旁门甚多，虽势有区别，概不外壮欺弱慢让快耳。有力打无力，手慢让手快，是皆先天自然之能，非关学力而有为也。察四两拨千斤之句，显非力胜；观耄耋能御众之形，快何能为。立如秤准，活似车轮，偏沉则随，双重则滞。每见数年纯功，不能运化者，率皆自为人制，双重之病未悟耳。欲避此病，须知阴阳；粘即是走，走即是粘，阴不离阳，阳不离阴；阴阳相济，方为懂劲。懂劲后，愈练愈精，默识揣摩，渐至从心所欲。本是舍己从人，多误舍近求远。所谓差之毫厘，谬之千里。学者不可不详辨焉。是为论。

十三势行功心解

以心行气，务令沉着，乃能收敛入骨；以气运身，务令顺遂，乃能便利从心。精神能提得起，则无迟重之虞，所谓头顶悬也；意气须换得灵，乃有圆活之趣，所谓变转虚实也。发劲须沉着松静，专注一方；立身须中正安舒，支撑八面。行气如九曲珠，无往不利（气遍身躯之谓）；运劲如百炼钢，无坚不摧。形如搏兔之鹄，神如捕鼠之猫。静如山岳，动如江河。蓄劲如开弓，发劲如放箭。曲中求直，蓄而后发。力由脊发，步随身换。收即是放，断而复连；往复须有折迭，进退须有转换。极柔软，然后极坚刚；能呼吸，然后能灵活。气以直养而无害，劲以曲蓄而有余。心为令，气为旗，腰为纛。先求开展，后求紧凑。乃可臻于缜密矣。

又曰：彼不动，已不动；彼微动，已先动。劲似松非松，将展未展；劲断意不断。又曰：先在心，后在身。腹松静气敛入骨。神舒体静，刻刻在心。切记一动无有不动，一静无有不静。牵动往来气贴背，而敛入脊骨。内固精神，外示安逸。迈步如猫行，运劲如抽丝。全身意在精神，不在气。在气则滞。有气者无力，无气者纯刚。气若车轮，腰如车轴。

十三势歌

十三总势莫轻视，命意源头在腰际。
变转虚实须留意，气遍身躯不稍滞。
静中触动动犹静，因敌变化示神奇。
势势存心揆用意，得来不觉费功夫。
刻刻留意在腰间，腹内松静气腾然。
尾闾中正神贯顶，满身轻利顶头悬。
仔细留心向推求，屈伸开合听自由。
入门引路须口授，功夫无息法自修。
若言体用何为准，意气君来骨肉臣。
详推用意终何在，益寿延年不老春。
歌兮歌兮百四十，字字真切意无遗。
若不向此推求去，枉费功夫贻叹息。

后　记

在我小的时候，就常听老一辈讲，杨家人功夫深，杨家有几位弟子，功夫十分了得。依我个人多年练习杨氏太极拳的体会，杨氏太极拳的功夫的确是可以达到非常高深的程度。练习太极拳，要在个人走架的基本功上，重视腰腿的练习。好的腰腿功夫，主要是由盘架子练出来的。练习腰腿基本功，要注意松软弹性为第一要领。杨氏太极拳在发劲时，能将人弹射出丈外乃至于更远，主要是腰腿的作用。我在书中已谈过腰腿的练习，为何还要重言强调？我们练习太极拳若练不出好的腰腿功夫，就是一辈子瞎胡闹。杨家几代人功夫深是人所共知的，他们个人在练功上付出了很多的时间与精力。我等晚辈应多吸取前人经验，向前辈学习。我个人练功夫虽说粗笨，但在忙时，给自己立下了一条规矩，饭可一日不吃，拳不可一日不练。练功夫要有霸气，要有吃苦耐劳的精神，潜心去悟，方可得其真理。我从十五岁开始练习太极拳，至今不知不觉已经走过了三十几个年头，一路走来，感慨颇多，近几年，总想说一说、写一写对太极拳的感受与体会，于是从 2014 年春开始，将多年练习太极拳的心得体会写了出来，经过近两年的整理和修改，形成了这本拙作。书中所述杨氏太极拳各方面的要领，是我跟老师多年所学，个人在实际练习中谨遵师命，不敢懈怠。作为杨氏太极拳继承者，有责任、有义务为弘扬和发展杨氏太极拳尽自己的一份力。书中所讲如有不完善之处，望读者见谅。

微信公共号：太极拳理心得
作者博客：http://blog.sina.com.cn/taijiwangmingzhu

教学视频

推 手

拳 架